U0889747

智慧熊
SMART BEAR

阅读强 | 少年强 | 中国强

专家审定委员会

贾天仓　河南省语文教研员
许文婕　甘肃省语文教研员
张伟忠　山东省语文教研员
李子燕　山西省语文教研员
蒋红森　湖北省语文教研员
段承校　江苏省语文教研员
张豪林　河北省语文教研员
刘颖异　黑龙江省语文教研员
何立新　四川省语文教研员
安　奇　宁夏回族自治区语文教研员
卓巧文　福建省语文教研员
冯善亮　广东省语文教研员
宋胜杰　吉林省语文教研员
董明实　新疆维吾尔自治区语文教研员
易海华　湖南省语文教研员
潘建敏　广西壮族自治区语文教研员
王彤彦　北京市语文教研员
张　妍　天津市语文教研员
贾　玲　陕西省西安市语文教研员

励志版丛书的六个关键词

温儒敏老师曾指出："少读书、不读书就是当下'语文病'的主要症状，同时又是语文教学效果始终低下的病根。"基于这一现状，励志版丛书在激发中小学生读书兴趣、培养其良好的阅读习惯的同时，旨在通过对经典名著的价值解读，培养学生一生受用的品质。

第一个关键词：权威版本——阅读专家主编、审定的口碑版本

励志版丛书由朱永新老师主编，另有十余个省市自治区的教研员组成的专家审定委员会，对该丛书进行整体审定。采用口碑版本，权威作者、译者、编者，确保每本书的经典性和耐读性。

第二个关键词：兴趣培养——激发阅读兴趣的无障碍阅读

励志版丛书根据权威工具书对书中较难理解的字词、典故及其他知识进行了无障碍注解。此外，全品系的精美插图，配以言简意赅的文字，达到"图说名著"的生动效果，使学生由此爱上阅读。

第三个关键词：高效阅读——名师指导如何阅读经典

励志版丛书的每一本名著都由一位名师进行专门解读，同时就"这本书""这类书"该怎么读提供具体的阅读策略和方法指导。让读书有章可循，有"法"可依。让学生通过精读、略读、猜读、跳读等多种阅读方法，快速完成优质高效的阅读，会读书、读透书。

第四个关键词：阅读监测——国际先进的阅读理念

读一本书的过程就是让这本书与自己的生命发生关系的过程。当我们开始阅读一本书时，就是与这本书、与自己，达成某种隐形的"契约"。为此，我们在书里特别设计了阅读监测栏目，让学生实现自我鞭策和监督。

第五个关键词：价值阅读——品格涵养价值人生

通过有价值的阅读培养学生诚信、坚忍、专注、勇敢、担当、善良等一生受用的品质，契合教育部最新倡导的"读书养性"的理念。

第六个关键词：经典书目——涵盖适合学生阅读的三大书系

涵盖适合学生阅读的三大书系——新课标、部编教材、中小学生阅读指导书目，充分体现了"每一本名著都是最好的教科书"的理念。

简言之，我们殚精竭虑，注重每一个细节。因为，一个人物，拥有一段经历；一段故事，反映一个道理；一本好书，可以励志一生。让名著发挥它人生成长导师的基本功能吧！

励志版丛书编委会

中小学生
阅读指导丛书
彩插励志版

朱永新◎总主编　闻　钟◎总策划

中国传统节日故事

萧　放◎著

海口·南方出版社

图书在版编目（CIP）数据

中国传统节日故事 / 萧放著. —海口：南方出版社，2021.1
（中小学生阅读指导丛书：彩插励志版）
ISBN 978-7-5501-6658-5

Ⅰ. ①中… Ⅱ. ①萧… Ⅲ. ①节日—风俗习惯—中国—青少年读物 Ⅳ. ①K892.1-49

中国版本图书馆 CIP 数据核字（2021）第027596号

中国传统节日故事

ZHONGGUO CHUANTONG JIERI GUSHI

萧 放 著

责任编辑：胡贵春
出版发行：南方出版社
社　　址：海南省海口市和平大道 70 号
邮政编码：570208
电　　话：（0898）66160822
传　　真：（0898）66160830
印　　刷：保定市铭泰达印刷有限公司
开　　本：710mm × 1000mm 1/16
印　　张：9.5
字　　数：137 千字
版　　次：2021 年 1 月第 1 版
印　　次：2021 年 2 月第 1 次印刷
定　　价：16.80 元

为青少年创造有价值的阅读

（代总序）

读过经典和没有读过经典的青少年，其人生是不一样的。朱永新先生曾言：“一个人的精神发育史就是他的阅读史。”那么，什么样的书才是经典？正如卡尔维诺所言：“经典是那些你经常听人家说‘我正在重读……’而不是‘我正在读……’的书。”

阅读的重要性，毋庸赘言。而学会阅读，则是青少年成长所需的重要能力。那么，如何学会阅读？如何阅读经典？什么才是有价值的阅读？

“多读书，好读书，读好书，读整本的书”，这一理念已经得到众多老师和家长的认可。阅读的方法有很多种，除了精读，还有略读、跳读、猜读、群读等，这些方法都是有用的，本套丛书也给出了具体方法。我想强调的是，为青少年创造有价值的阅读，才是本套丛书的核心要点。我们一直力图在青少年“如何读名著”上取得突破，让学生在阅读中有更多的获得感。

我们主要从以下五个方面发力：

一、精选书单：涵盖适合学生阅读的书目

为了让学生读好书、读优质的书，我们精选书单，历年中小学语文教材推荐书目和《教育部基础教育课程教材发展中心 中小学生阅读指导目录》，都是本套丛书甄选的范畴。

二、强调原典：给学生提供最好的阅读版本

原典，即初始的经典版本。为了给学生寻找最好的版本，呈现原汁原味的文学经典，本套丛书的编辑们，以臻于至善的工匠精神，在众多的版本中进行

对比甄选、版权联络，如国外经典名著译本均为著名翻译家所译，为青少年的阅读提供品质保障。

三、关注成长：注重培养学生的优秀品格

通过阅读培养青少年的品格，是本套丛书的核心理念。每一本书的主题及重要情节，都旨在培养学生的品格与素养，如诚信、坚忍、专注、勇敢、博爱、担当、善良等。为此，我们在每本书中设置了“如何进行价值阅读”等栏目，目的便是使学生形成受益一生的品质、品格。

四、注重方法：让阅读真正能够深入浅出

经典难读、难懂，学生难以形成持续阅读的习惯，针对这一现象，编辑们对本套丛书的体例进行了研发与创新。他们根据每本书的特点，从阅读指导、体例设计、栏目编写等方面，有针对性地将精读与略读相结合，对不同体裁的作品，推荐不同的阅读方法，让阅读真正能够深入浅出，让学生在阅读中有获得感，体会到读书的乐趣，最终养成持续阅读的习惯。

五、智慧读书：融合国际先进的阅读理念

为什么以色列的孩子和美国学生的创新能力都比较突出？这与他们先进的阅读理念是密切相关的。为此，我们引入了“科学素养阅读体系”。在阅读前，设置“阅读耐力记录表”；在阅读后，设置“阅读思考记录表”。这样能够实时记录阅读进度和成果，从而帮助学生养成总结、记录、思考的良好阅读习惯。

21 世纪最重要的能力之一是学会阅读。让学生学有所成，一个重要的前提就是让阅读成为习惯。当你的孩子学会了阅读、爱上了阅读，他便学会了如何与这个世界相处，他将获得源源不竭的成长动力，终身受益。

以阅读关注青少年的成长，是我们始终不变的初衷；让“开卷”真正“有益”，是我们始终探寻的方向；为青少年创造有价值的阅读，是我们的终极梦想。想必这也是学生、家长和老师一直喜爱我们的书的原因吧！

闫钟

2020 年 6 月

于北京北郊莽苍苍斋

名师导读

提到传统节日，我们总会在心底涌起一些美好的回忆：美味的食物、愉快的假期、有趣的节日活动，等等。但是很多人只了解春节、中秋节、端午节这样的民俗大节，对寒食节、寒衣节、祭灶节这样的节日知之甚少。其实，每一个传统节日都是中华民族历史文化的名片，它们跨越漫漫历史长河，共同构成了中华民族灿烂的文化风景。对每个人而言，传统节日体现了我们对美好生活的向往和追求。

然而，我们对传统节日背后的故事了解多少呢？关于春节，很多人可能知道要穿新衣服、拜年、收压岁钱，但不一定知道它还有一个“年兽”的传说；关于元宵节，有些人可能知道要吃元宵、看花灯，但不一定知道在古代，妇女才是元宵节夜晚的一道亮丽的风景；关于寒衣节，你可能读过杜甫的“寒衣处处催刀尺，白帝城高急暮砧”，但不一定明白一件由家人送来的寒衣背后所蕴含的深情。

关于传统节日，还有很多我们需要了解的东西，而这本《中国传统节日故事》正好为我们打开了一扇了解传统节日故事的窗户。本书按照春、夏、秋、冬的季节变换顺序，讲述了十二个传统节日的起源、发展以及习俗的故事。例如，汉明帝的梦与元宵节之间的关系，端午节那天为什么要采药，七夕节多种多样的乞巧习俗，重阳节为什么又叫“老人节”，等等。这些故事生动有趣、通俗易懂，可以帮助我们更好地探索中国传统节日这个缤纷的百花园。

除了传统节日故事，本书还包含许多传统文化知识。例如，什么是农历，什么是二十四节气，十二时辰又是什么，古代祭祀时用什么牲畜等。这些传统文化知识是我们祖先数千年的智慧结晶，具有独特的魅力和价值。了解这些知识，可以为我们的生活和学习带来一些启发。

当然，作为祖国的小主人翁，我们应当对传承中国传统节日怀有一份担当。相信打开视野，看一看其他国家的节日习俗，对我们传承中国传统节日也有所帮助。所以我们还需要注意书中的阅读链接，有的阅读链接向我们介绍了国外的传统节日，并提出了如何更好地把传统节日习俗和现代文化相融合的思考。这些都值得我们在具体的实践中加以借鉴。

本书分为四章，你可以制订阅读计划，有规划、有目的地完成阅读，也可以参考下方的阅读规划，用十二天的时间阅读完本书。

建议用时	阅读内容
2天	《春之期待》
1天	《夏之故事》
4天	《秋之情思》
4天	《冬之礼敬》
1天	整体回顾，选择喜欢的节日内容仔细阅读

《中国传统节日故事》可以说是一本由节日串联起来的故事集。在阅读这类作品时，建议先了解本书的结构划分、目录、章节标题等内容，再快速浏览全书，摘取字里行间的重要信息，对要阅读的内容形成一个初步的印象。

本书的十二个节日都是通过讲故事的方式来介绍的，内容既通俗易懂，又生动有趣。可以采用略读和精读相结合的方法进行阅读。读到“屈原投江”“嫦娥奔月”“孟姜女送寒衣”等大家有一定了解的故事时，可以略读，了解故事的大意和情节脉络即可。

除了那些大家比较熟悉的故事，本书还提到了“紫姑的传说”“钟无盐拜月亮”“吕蒙正写《祭灶诗》”等相对陌生的故事。建议采用精读的方法阅读这些内容。在精读的过程中，首先，要查阅资料，弄清字词的含义，以便准确理解上下文的意思。其次，要勾画那些打动你的内容，如好词好句、精彩的段落等，并在旁边写一写你被打动的原因。在读完全书后，你还可以向父母或者好朋友讲一讲自己最喜欢的节日并说一说理由。

当然，本书提到的十二个传统节日只是中国传统节日的一部分，我国悠久的历史文化长河中还有很多有趣的传统节日需要我们了解，如社日节、下元节等。读完本书后，你可以通过查阅资料或者询问长辈等方式，了解更多的中国传统节日故事。

中国传统节日故事涉及神话、传说、历史、天文、地理等多方面的内容，具有丰富的文化内涵。阅读《中国传统节日故事》，就像遨游在精彩纷呈的故事海洋里。相信你一定能有所思、有所得。

阅读耐力记录表

请诚实记录你的每日阅读时长，养成阅读好习惯

本书阅读统计

开始时间:____ 年__月__日

结束时间:____ 年__月__日

最喜欢的节日:

最喜欢的节日故事:

最难忘的一句话:

表格说明

该表格横轴是日期，竖轴是每天不间断的阅读时间，不可以一会儿读书一会儿去做其他事情。记录的时候每天在相应的格子里画个圈。读完本书之后，就可以把所有的圈连起来，形成一条曲线，仔细观察这条曲线，看看自己的阅读耐力是否有所增强。

60分钟												
55分钟												
50分钟												
45分钟												
40分钟												
35分钟												
30分钟												
25分钟												
20分钟												
15分钟												
10分钟												
5分钟												
	第1天	第2天	第3天	第4天	第5天	第6天	第7天	第8天	第9天	第10天	第11天	第12天

图说

春节即农历新年，是个喜庆、团圆的传统佳节。过春节的时候，那些离家在外的人都要回家欢聚。人们在春节要穿新衣、放鞭炮、拜大年……大街小巷处处洋溢着节日的欢乐气氛。

图说

新年升起的第一轮圆月总是能够激发人们欢乐的情绪。而元宵节的夜晚正是新年的第一个月圆之夜。元宵佳节是一个狂欢的节日。这天，街上挤满了看花灯、放烟花、走街串巷的人，热闹极了！

图说

热闹的龙舟竞渡是南方水乡一项古老的活动，至今仍是端午节的标志性节俗。因此，端午节也被称为“龙舟节”。

图说

嫦娥知道自己敌不过逢蒙，又害怕心术不正的逢蒙吃下仙药后为祸人间，便一口吞下了仙药。接着，她的身体变得轻飘飘的，随后，她腾空而起，飞向了月宫。

图说

深秋重阳，人们满怀对生命和未来的忧虑与憧憬，登高郊游，饮菊花酒，佩戴茱萸，吃重阳糕。登高避祸、饮酒祈福的九月初九成为人们共度的民俗大节。

图说

每年的腊八节，人们都会喝腊八粥。腊八粥是一种由多种食材熬制而成的粥。这些食材往往具有民俗寓意，比如，桂圆象征富贵团圆，百合象征百事和睦，橘脯、栗子象征大吉大利，人们以此期盼未来生活的美好。

如何进行价值阅读

——《中国传统节日故事》一书以节日的文化内涵为例进行解读

内容简介

中国传统节日形式多样、内容丰富，是中华民族悠久历史文化的重要组成部分，凝聚了古人的智慧。不同的传统节日有不同主题的节俗。从这些流传至今的节俗里，我们不难看到古代人们社会生活的精彩画面。古往今来，纵然这些节俗经历了诸多变迁，但始终蕴含着人们对团圆的期盼和对美好生活的希望。

价值解读

1. 关于传承

传统节日是一年中重要的时间坐标，承载了人们的信仰、希望与情感。欢乐的春节、热闹的元宵节、有趣的端午节……这些传统节日不仅是古人留给我们的文化遗产，还是我们在快节奏的生活中放松下来，陪伴家人的机会。身为中华儿女，我们应该尽自己所能守护、传承这些美好的节日。

价值启示

一个没有文化底蕴的民族是没有生气的。任何一个国家、一个民族都是在承前启后、继往开来中走到今天的。中华文化源远流长，中国传统节日历久弥新。我们应该积极了解这些传统节日，把它们放在心中，用心守候、传承。

2. 关于希望

七夕之夜，女子对月祈求婚姻幸福、子嗣绵延；端午时节，人们挂艾蒿，系五彩丝，以求避瘟祛疾；中秋佳节，人们赏月，吃月饼，期盼团圆美满……传统节日寄托了人们种种美好的希望。

价值启示

心怀希望是一件美好的事情。它可以给我们的生活增添一些期盼的愉悦、前进的动力。没有希望，生活就会失去色彩。无论现实生活多么不如意，我们都不应该放弃对美好未来的期盼。

3. 关于亲情

与家人团聚，共享亲情的温暖是无数中华儿女千百年来的生活理想。春节吃团圆饭、清明节祭祀先人、中秋节赏月，各种传统节日都有家人的陪伴，正是这种生活理想的体现。

价值启示

从呱呱落地的那一刻起，我们就进入了亲情的怀抱。亲情到底是什么呢？这个问题似乎难以用确切的语言回答，但是我们在生活中处处都能感受到亲情的温暖。亲情，是一次次饭桌上的闲话家常，是一个个充满爱意的眼神。亲情是美丽的，是温暖的，需要我们用心呵护，用爱浇灌。

序 言

如果说岁月是一条奔流不息的历史长河，那么传统节日就是这条长河中的璀璨浪花。中国是一个有着悠久历史的文化大国，传统节日是其中令人瞩目的美丽风景。中国传统节日根植于传统农业社会，它适应了农业生产生活的时间节奏，是农业社会的时序指南。同时传统节日还是传统社会民众信仰、审美情趣、伦理意识、社交仪式、物质消费与游戏娱乐等集中呈现与展示的时空平台。人们在过节时，感恩先人、亲近自然、重温传统、振奋精神、享受亲情、增进友情、和谐邻里、娱乐身心。传统节日习俗丰富，形态完整，功能突出，意义重大。

传统节日是在漫长的历史时代中逐渐形成的，它的起源与东亚地区的天文、物候、人文、历史、社会等有着密切的关系，是人们在特定风土条件下，基于生产方式、历史条件、社会意识等综合因素而形成的社会时间体系。在传统社会，人们通常以“岁时”指代传统节日。岁时原本是年度季节时间的总称，后来专用为指代年度周期内的自然性节气与人文性节日。所谓“四时八节”，在岁时的时间框架下，我们以春夏秋冬的季节区分节日段落。因为气候时令与农业生产节律的原因，传统节日主要集中在春秋两季。春天，是播种希望的季节，人们到户外踏青郊游，享受亲近自然的愉悦；秋天，是收获的季节，人们祭祀庆祝，登高远眺，享受世界的美好。岁末是年度周期循环的节点，人们在除夕与新年交接的时刻，辞旧布新，祈福迎祥，尽享一年一度的全民“过大年”的狂欢。

传统节日是“我们的节日”，传统节日的故事是我们的故事，节日故事既是民众围绕着节日习俗起源流变的想象，同时也是民众心灵历史与情感的真实写照。节日故事的意义与价值在于，它不需要历史学者做耗费脑力的“真实性”考证，但它是传统节日飞翔的翅膀。传统节日因为节日故事，千百年来持续而生动地传承至今，节日故事的文化魅力因为节日而彰显。当然，我们这里主要是给读者提供有价值有趣味的节日文化读本，采撷了一些节日故事，但远非全部。中国地域辽阔，民族众多，节日习俗与节日故事丰富多彩，值得我们在文献中发掘，去田野中采录。期待我们的小读者能够在节日体验中，采访家人、亲友或者其他人，记录故事，通过整理，形成文本，然后讲述传播，以丰富我们的节日故事宝库，这样我们才能真正成为“我们的节日”的文化传人。节日因为有你更精彩！期待未来，期待新时代的新国民。

萧　放

2021年1月8日于北京师范大学

目录

第一章　春之期待

在冬去春来、新旧交替的时节，人们欢天喜地地迎来了春节。春节是欢快的节日，是团圆的节日，喜庆祥和是它的主题。春节承载着人们祈求团圆、平安和美好的愿望。那么春节是怎么演化而来的呢？古人过春节和我们现在有什么不同？

第一节　春节

新年到，放鞭炮，
噼噼啪啪真热闹。
耍龙灯，踩高跷，
包饺子，蒸年糕。
奶奶笑得直揉眼，
爷爷乐得胡子翘。

一首童谣《新年到》写出了我国传统节日——春节的热闹景象。

春节，又名“大年”“新年”，是农历（我国的传统历法，通常所说的阴历即指农历。这种历法相传创始于夏代，所以又称夏历。也叫旧历）年的岁首，是中国人一年里格外期盼的节日，也是一个象征着团聚、兴旺，寄托人们新的希望的佳节。传说在两千多年前的一天，舜（Shùn，传说中上古帝王名）继帝位，带领部下祭拜天地。从此，人们就把这一天当作岁首，据说这就是农历新年的由来。

春节的演变

作为新年的第一天，在春节，人们要穿新衣、戴新帽，祭拜祖先，到庙里上香，为新的一年求个好运气。这一天，有的地方有吃年糕的习俗，有的地方有吃饺子的习俗，还有一些地方则是吃长寿面。在这一天，大家会放下手里的工作，和家人团聚，欢欢喜喜庆祝新年的到来。

然而，古代并不是这样的。那时的岁首不是家庭欢聚的节日，而是一个彰显皇权威严的日子。为什么这样说呢？读了下面的内容你就明白了。

先从我国历史上第一个大一统王朝——秦朝说起。

在秦朝历法中，农历十月是一年中的第一个月，十月的第一天被称为岁首。秦朝岁首这一天，是皇帝和臣子之间“联系关系”的日子。大臣们不能放假在家和家人过年，而是要正常上朝，参加君臣互相道贺新年的仪式。

到了汉朝，汉武帝颁行太初历〔中国历史上第一部比较完整的历法，施行于汉武帝太初元年（公元前104年），因此得名〕，将正月（农历一年的第一个月）定为新年的第一个月份，所以正月初一就成了新年第一天。现在我们所说的正月初一，就是沿用汉朝时的传统。不过，汉朝的岁首还有其他名字，即“正月旦”或“正旦”。

在汉朝“正月旦”时，皇帝要接受群臣朝拜，同时要对大臣进行嘉奖、赏赐。为了慰劳大臣上一年的辛劳，皇帝会在朝会上安排盛大的歌舞表演，与大臣一起享乐宴饮。

此外，因为汉朝很重视占卜，所以“正月旦”对朝廷而言还是预测未来一年运势的一天。负责占卜的官员会依据当天云的颜色和风吹来的方向预测一年的降水情况，看会不会发生洪涝或干旱等自然灾害。在当时那个以农业立国的社会里，任何一点儿天灾都会影响国家粮食的生产和人民的生计。所以，“正月旦”的占卜对当时的人们来说很重要。

历史的长河继续向前流淌，我们来到了魏晋南北朝时期。曹操的儿子曹植在诗作《元会》中描绘了当时新年的热闹景象：

初岁元祚（zuò），吉日惟良。
乃为佳会，宴此高堂。
尊卑列叙，典而有章。
衣裳鲜洁，黼黻（fǔfú）玄黄。
清酤（gū）盈爵，中坐腾光。
珍膳杂遝（tà），充溢圆方。
笙磬（shēngqìng）既设，筝瑟俱张。
悲歌厉响，咀嚼清商。
俯视文轩，仰瞻华梁。
愿保兹喜，千载为常。
欢笑尽娱，乐哉未央。
皇家荣贵，寿考无疆。

诗的大意是，正月初一，是良辰吉日，人们穿着绣有华美花纹的礼服，在厅堂举行盛大的朝会。宴席上美酒满杯、佳肴无数，席间还有美妙的音乐，真是一派美好的景象。大臣向君主敬献贺礼，祝愿皇家的财富与权力无限绵延，这一切美好永续，欢歌笑语永不散场，年年如此、代代相续。

读到这里，你有没有发现，以上我们谈的都是皇家贵族过新年的方式，还没有说到老百姓是如何过年的。其实，老百姓对正月初一的庆祝活动是从魏晋时期才逐渐丰富起来的。那时在正月初一的早晨，家家户户会在家门前放爆竹，为的是驱走“恶鬼”和坏运气，迎来新的开始。放完爆竹后，全家老少要穿戴整齐，晚辈给长辈拜年。不少家庭会共喝椒酒、柏叶酒、屠苏酒，据说可以消除百疫，得长寿。从这些习俗可以看出老百姓对新年的重视与期待。

值得一提的是，从唐朝开始，正月初一就成为官方钦定的假日。正月初一放假让新年活动变得更加丰富多彩，而在异乡漂泊的人也能利用假期返乡与家人团聚。此后，提起新年，人们便会想到家人团聚。

假期的到来，使朝会慢慢变成了走形式。尤其到了明朝，朝会已经没有当年的盛大。大臣在朝会结束后也不多逗留，会马上回到家中与家人相聚。从此，正月初一成为以家人团聚、庆祝为主的民俗年节。

你可能发现了，在历朝历代对正月初一的称呼中，我们并没有发现“春节”这个说法，这是因为这一说法是清朝被推翻之后才出现的。

辛亥革命后，孙中山先生在南京就任中华民国临时大总统，随即宣布废除旧历法，推行西方的公历（现在国际通用的历法，通常所说的阳历即指公历）。从此，中国的时间概念逐渐与世界同步，但正月初一始终被认为是岁首。

虽然当时的政府大力推行公历，但是许多承袭了数千年的习俗与旧历法息息相关。因此，社会上逐渐形成了新历和旧历并用的情况。

1949年在北京召开的中国人民政治协商会议正式规定公历一月一日为“元旦”，将旧历正月初一定名“春节”。自此，“春节”成为农历新年的专有名称，是中国人盛大的传统节日，是中国人的“年”。

趣味十足的春节

1. 放爆竹

在漫漫的历史长河中，春节形成了丰富多彩的节俗文化，包括放爆竹迎年、拜天地祖先、拜年，等等。

“爆竹声中一岁除”，正月初一凌晨，新年来到，人们燃放爆竹迎接新年。春节放爆竹，在中国已经有两千多年的历史。当时的人们认为，爆竹声可以驱赶“鬼邪”，所以有的地方把放爆竹称为“惊鬼”。人们相信，在新年第一天用放爆竹的办法把“鬼邪”惊走，接下来就能平安度过一整年了。

当时的爆竹和现在的鞭炮、烟花是不一样的。放爆竹，是把竹筒放在火中烧烤，竹筒由于受热膨胀，就会爆出声响。到了宋朝，除了这种传统的天然爆竹外，还出现了新品种，那就是火药爆竹，又叫爆仗。人们还会把爆仗做成果子或人物等不同的样式。宫廷中的爆仗样式更多，如屏风式样的爆仗，里边藏着火药线，外面还画着钟馗捉鬼的场景，这便体现了用爆仗驱逐“鬼邪”的意义。火药爆竹的出现是爆竹演变的重要一步。它不仅有霹雳声，而且有硝烟散出。散出的硝烟有消灭空气中病菌的功效，所以人们在瘟疫发生的时候，经常要燃放爆竹。

爆竹的声响可以增添节日气氛。明清时期，火药爆竹更加流行。从腊月二十四到第二年正月十七，每天白天，皇室都要在乾清宫门前放花炮，只有遇到大风天气才会暂停半天或一天。皇帝升座时，要花炮伺候；皇帝回宫时，也要花炮送归。民间放不起昂贵的花炮，但鞭炮还是要放的。

近代以来，春节放鞭炮是年俗必有的项目。一户人家放鞭炮的多少往往能反映这家人的经济实力与心情，假如过年没有爆竹声，人们就会觉得心里空荡荡的。

二十世纪九十年代初，许多城市出于安全、卫生等考虑禁止燃放烟花爆竹。很多人因此感叹过年缺少了年味。可喜的是，如今已经有不少城市改变了春节禁止燃放烟花爆竹的规定，以有限禁放（规定时间、规定地点）代替了此前完全禁放的规定，给了广大人民燃放烟花爆竹庆祝春节的机会。

2. 贴春联

春联是对联的一种，在了解春联之前，我们不妨看一看什么是对联。对联是写在纸上、布上或刻在竹子上、木头上、柱子上的对偶语句。写对联的自由性、灵活性较高，因此文人墨客喜欢借写对联来展现自己的文采。人们有时还把对对联当作一种较量智力的方式。

据说从前有个秀才进京赶考，在一座独木桥上遇见一个樵夫，樵夫说他有个上联，请秀才接续，如果秀才能够成功对出下联，他愿退回桥下，让秀才先过桥，否则就要请秀才先让他过桥。

樵夫出的上联是“此木为柴山山出”，秀才很快对出了下联“皆书若宝家家有”，这时樵夫一步不让地往前走，说秀才的对联与他的对联根本对不上，因为他的对联中前两个字“此”和“木”合在一起正好是个“柴”字，而后三个字中的两个“山”加在一起正是“出”字，但秀才的对联前两个字，“皆”和“书”是拼凑不成“宝”字的，后面三个字“家家有”也没有拼字关联，所以秀才输了。之后，樵夫每次在桥上遇到读书人都会询问他们，往来的读书人一一落败，直到他遇到“清代蜀中三才子”之一的李调元（清代文学家，字羹堂、赞庵、鹤洲，号雨村、童山蠢翁，四川人。擅长戏曲评论，著有《雨村曲话》《雨村剧话》，另有《童山诗集》）。

樵夫把上联说了一遍，李调元看着从远方山间升起的炊烟，回答道“因火成烟夕夕多”，这一句把夕阳下烧柴火升起袅袅（niǎoniǎo，形容烟气缭绕上升）炊烟的样子描写得很精准，与樵夫的对联不仅意境相合，而且拼出的字也能呼应，展现出李调元过人的智慧。樵夫心甘情愿地为他让路。

除此之外，民间还有另一个与对联有关的故事，可以表现对联的另一种用途——讽刺他人。

传说，有个县官刚上任的时候就在衙门口贴了一副对联，上联是“一不要钱，二不要命”，下联是“三不要官，四不要名”，表达他廉政爱民的决心。可是，不久之后他便为所欲为，索贿、贪污，无恶不作。百姓们十分厌恶他，便在他的对联上每句添了几个字，上联成了“一不要钱，嫌少；二不要命，嫌老”，下联成了“三不要官，嫌小；四不要名，嫌臭”。这么一改，这副小小的对联就把县官虚伪的面孔揭露了出来。

看来，对联不仅形式、内容生动有趣，功能也是非常多的，而在春节时贴的对联就叫作春联。

贴春联也是春节的一个标志性习俗。在春联出现以前，古人就用桃板和桃符装饰大门了。大门是人们进出的通道，也是家与外界的联系点与分隔点，所以门口自然就成了人们精心装扮的地方。

在中国古代神话中，有这样一个故事。很久很久以前，在茫茫的大海上有一座小岛，岛上耸立着一座高山，山上长着一棵参天的大桃树，它的树根足有三千里。大桃树的东北方是万鬼出入的鬼门关，黄昏时妖魔鬼怪就会经过鬼门关拥向外面的世界。鬼门关关口站着两位神仙——神荼（Shēnshū）和郁垒（Yùlǜ），负责监督众鬼怪的行为，一旦发现有为非作歹的恶鬼，便用芦苇绳绑住，丢给专门吃鬼的大老虎充饥。

人们害怕恶鬼骚扰，便在桃木上画上两位天神的画像或写上他们的名字，挂在家门上来震慑恶鬼。等到晚上万鬼横行、凶魅流窜时，人们相信鬼见到天神的画像就不敢闯入屋里了。

这种用来防恶鬼的桃木板叫作桃符，从战国时起，中原地区家家户户就将这种避邪圣品贴在门口，以保佑一家安宁。桃符一年更换一次，宋朝大政治家王安石写过一首题为《元日》的诗，说的就是换桃符的事：

爆竹声中一岁除，
春风送暖入屠苏。
千门万户曈（tóng）曈日，
总把新桃换旧符。

唐末五代时，人们开始把联语写在桃符上。后来随着时代的发展，人们要表达的意愿越来越多，在桃符上写的字也就越来越多，逐渐形成了对仗工整的吉祥联语。于是春联就应运而生了。

那你知道历史上第一副春联是什么样的吗？要回答这个问题，还要回到唐末五代时期。相传后蜀君主孟昶（chǎng）是第一副春联的作者，他题的联语“新年纳余庆，嘉节号长春”开创了春联的历史新纪元。古代还有一种“宜春帖”，原来是立春时所写的单句吉利话，贴在门楣（门框上端的横木。楣，méi）上，也是春节贴春联的来源之一。明朝之后，过年贴春联成为普遍的习俗。

虽然春联起源于唐末五代，但是真正用纸写联语的做法到了明清时期才在社会上普及。据记载，明太祖朱元璋特别重视过年贴春联，在定都金陵（南京的古称）之后，除夕之前，他传旨公卿士庶家，“门上须加春联一副”。还有传闻说朱元璋微服出行时，看见一户人家没有贴春联，经询问，原来这家住着一个阉猪的，他还没有请人写春联。朱元璋一高兴，就挥笔为他写下了一副春联：“双手劈开生死路，一刀割下是非根。”

随着贴春联习俗对民众生活影响的深入，清朝时，迎新春联便替代了桃符。桃符重在驱邪，春联意在求吉祥。清朝的北京，从进入腊月开始，就有文人墨客在市场店铺的屋檐下，摆开桌案，给人写春联，赚些润笔钱（请人作诗文书画的酬劳）。

当代新年仍有贴春联的习俗。现在的春联一般是对偶的上下两联，写在红纸上，贴在门户的两边，字数一般有五字、七字、九字、十一字不等。春联讲究格律，结构对称，对仗工整，还有上下之分。你知道如何分辨上下联吗？

一般来说，上联收尾的字是仄声（古汉语声调有平声、上声、去声、入声四类，叫作四声。上、去、入三声的总称叫作仄声。仄，zè），下联收尾的字是平声（古汉语四声的第一声）。上联一般贴在门的右边，下联贴在门的左边，也有人以横批第一个字的左右位置来确定上下联的位置。春联上大多是吉祥话，比如，“天增岁月人增寿，春满乾坤福满门”“梅开春烂漫，竹报岁平安”“时雨染成千里绿，春风不让一人闲”，等等。横批一般是四字吉语，比如，“喜迎新春”“紫气东来”“万象皆春”之类。

春联是汉字特有的艺术形式，它不仅增添了节日的喜庆气氛，还抒发了人们美好的生活愿望。生活的点滴、一年的回忆、来年的期待，都由两行对称的文字承担，在不断更迭（轮流更替。迭，dié）的时代中延续。

3. 贴门神

门上的装饰除了春联，还有门神画。顾名思义，门神画是绘有门神形象的图画，在汉代就已经出现。但最早的门神不是以画的形式出现的，而是用桃木刻成的人偶，这在先秦时期就出现了。到了汉代，门神演变为两个人形图像，分别是神荼与郁垒。后来又有钟馗、秦叔宝、尉迟敬德几位出现在门神的名单上。

再后来，门神画扩大了绘画题材，变成过年期间人们装饰屋宇、增添喜气的年画。最早的年画印制基地大约是开封和开封附近的朱仙镇。朱仙镇的年画至今仍保留着古朴的民间传统。江苏苏州桃花坞、四川绵竹、山东潍坊、天津杨柳青、河北武强都是著名的年画产地。年画题材广泛，喜庆吉祥是年画的主题，如“鲤鱼跳龙门”“连年有余”“金玉满堂”“岁寒三友”“福禄寿”“群仙赐福”“天官赐福”“招财进宝”“文武财神”“摇钱树”“龙凤呈祥”“天仙送子”“新春大吉”等，都是常见的内容。民间年画还经常表现历史传说和民间故事，常见的有“哪吒闹海”“长坂坡”“空城计”“秦琼卖马”“西厢记”“三娘教子”“盗仙草”“钟馗嫁妹”“老鼠娶亲”“三岔口”“忠义堂”“文姬归汉”“梁祝姻缘”“铡美案”“刘海戏金蟾（chán）”等，画面形象生动，十分有趣。

4. 穿新衣

进入新年，人们不仅装饰门户，还不忘装扮自己，男女老少纷纷穿上了新衣服，喜迎新春。以鲜洁的服饰迎新年是汉朝就有的习俗。明朝北京人过新年的时候，头上还要戴“闹嚷嚷”。人们用乌金纸叠成蝴蝶、蚂蚱等形状，大的有手掌那么大，小的像铜钱那么小。男女老幼在头上各戴一支，富贵人家还有插满头的。清朝有穿新衣、拜新年的习俗，直至今日，人们过新年也要穿新衣。

在民俗社会中，穿新衣不光是过年时对自己的一种打扮，同时还具有神性意义。比如，河北蔚县陈家洼乡许家营村的人就认为，新衣服要在年三十上供之前换，这样干干净净地才可以给神上供，敬神，神仙看着也觉得干净，而且，只有这样，来年才不会穿破的衣服；新衣服上还要带点儿红布条或者红线，表示一年红、身体红。新的衣饰是为了祈福除灾。穿上新衣、戴上新帽，象征着人们进入新的生命旅程。不难看出，这种身体的新打扮与门户的新装饰都体现了中国人对新年辞旧迎新的重视。

5. 拜大年

迎来新年后，接着是贺年、拜年。顺序是先家内、后家外。拜年的习俗由来已久，尤其是明清时拜年风气更浓。明代京城拜年有两种形式。

一种是见面跪拜。明朝北京宛平人，早上起床后由家长率领家人和奴仆，拜天地、祖先，给长辈祝贺，然后互拜，并用猪牛羊肉制作的熟食祭祀，再打扮出门给亲戚朋友拜年。如果人们在路上见到亲友也会下车，在路上叩头拜年。

另一种拜年是一种虚套的礼仪形式，如果用四个字概括，就是“望门投帖”。望门投帖说的是明朝一些官员，无论相互之间认识不认识，都会上门送门帖。什么是门帖呢？简单说，就类似现在的贺年卡。主人大多并不登门拜年，而是让仆人将拜年门帖送到亲戚朋友家，回拜的人同样派仆人送帖。这种往来送帖拜年的习俗在宋朝就有了，被称为飞帖。拜年的时间一般不能过了初十，一旦过了初十，就有招待不周的意思了。

过去的拜年强调的是家族关系，拜年的过程就是家族关系的强化过程。江西东乡横路何氏宗族每年正月初一都要进行团拜。团拜并不仅限于一个族院，而是在整个横路何氏宗族中进行。团拜按照宗谱中记录的长幼秩序递进，也就是说晚辈要向长辈拜年，小房向大房拜年。辈分顺序不能改变。

直到今天，乡村和城市仍然保持着传统拜年庆贺的习俗，在山东、河北的一些乡村仍然保留着跪拜的习惯。由此可见，春节并不是一个简单的吃吃喝喝的游戏玩耍的娱乐节日，它有着很强的伦理意义。即使在今天，春节仍然具有维护社会人伦关系的意味。

春节是中华民族的大节，除了汉族以外，还有许多少数民族也过春节。比如，满族、蒙古族、鄂温克族、回族、土族、侗（dòng）族、瑶族、壮族、白族等。春节是热闹的，脆响的爆竹、大红的春联、喜庆的年画，无不昭示着盎然的春意。一切烦恼与霉运都留在了旧岁，人们在新的岁月里追寻新的希望。从人们饱含情意的新年祝福中，我们不由得为这个古老民族不息的生命意识所感动。在中国走向世界的今天，我们拿什么奉献给世界？只有保持我们民族的文化特色，才能为世界文化增添色彩。

成长启示

如今，人与人之间的交流方式日益增多，娱乐形式也越来越丰富多样。一些小伙伴不免对春节少了一些期盼。但是，春节是民族情感的凝聚点，是一道有声有色、欢快热闹的文化风景。我们应该保存它、珍重它、传承它，不能因为它古老而说它旧，也不能因为有了很多娱乐形式而嫌弃它俗。我们是中国人，应该珍视自己的节日。

要点思考

1. 中国幅员辽阔，民族众多，每个地区的春节习俗都各具特色，说一说你的家乡有哪些过春节的习俗。

2. 对联是一种独特的汉语艺术形式，是中国传统文化的瑰宝，请查阅资料，说一说对联在形式、内容上有什么特点。

阅读链接

年兽的传说

年兽是传说中会在除夕夜出现的一头恶兽。它尖牙利齿，凶猛异常，经常袭击百姓，祸害牲畜。百姓不堪其扰，却拿它没办法。有一年除夕夜，年兽跑到一个村庄为非作歹，被一户人家门口晾的大红色衣服吓跑了。到了另一个村子，又被那里的火光和爆竹声吓跑。到了另一处，也被那里打扫得干干净净的街道吓跑了。

于是人们知道了年兽的弱点：怕红色、火光和巨大的响声，也不喜欢整洁的街道。后来每到年末岁首，人们就在家门口贴红对联，放鞭炮，挂红灯笼，大扫除，在院子里烧旺火，把年兽吓走。从此，年兽不敢再危害人类。年兽被赶走以后，人们总是会高兴地互道：“又熬过一个年了。”慢慢地就有了过年的说法，也由此演化出了过年的习俗。

从除夕开始，中国大地就被祥和喜庆的氛围笼罩，大人、小孩儿精神抖擞，家家户户喜气洋洋，这种氛围一直持续到另一个传统节日——元宵节。元宵节的来历有多种说法，但它的习俗可以用一个字概括——“闹”。那么全国各地是如何闹元宵的呢？

第二节　元宵节

正月十五闹元宵，
家家户户月儿高。
舞龙灯，踩高跷，
男女老少乐陶陶。

农历正月十五是中国传统节日——元宵节，又称上元节。正月是农历的元月，而夜晚又被称为“宵”，元宵节也就由此得名。“一年明月打头圆”，元宵节的夜晚是新年的第一个月圆之夜，所以人们要点起万盏灯火，载歌载舞来庆祝。

元宵节从哪儿来

有趣的是，元宵节成为一个重要的传统节日，可能与佛教文化的传入有很大关系。

东汉时期，汉明帝刘庄在夜里做了一个奇怪的梦，梦中有一个一丈（长度单位，1丈约为3.33米）六尺（长度单位，1尺约为0.33米）高的金人，头顶白光，绕着屋梁飞。他正要和金人说话时，金人却飞走了。第二天，他把这个梦讲给大臣们听，大臣傅毅告诉汉明帝，他梦到的可能是从天竺（中国古代对印度的称呼）来的佛。汉明帝听后，立即派大臣蔡愔（yīn）、秦景等人去天竺拜佛求经，并在洛阳修建了一座白马寺，盛放迎来的佛像和经文。

为了推广佛法，汉明帝还下令每年在正月十五的夜晚，宫廷和寺院都要效仿佛家燃灯敬佛。于是正月十五晚上燃灯的习俗逐渐流传开来。到了六朝隋唐时期，正月十五晚上的灯火更是越烧越旺。

不过在民间，关于元宵节的来历，则流传着另一个故事，一个和元宵姑娘有关的故事。相传汉武帝在位时，有一位名叫“元宵”的宫女长期在宫中生活，没办法与父母团聚，因此每天郁郁寡欢，以泪洗面。大臣东方朔（shuò）得知此事后，决心帮助元宵姑娘见到家人。于是他乔装成算卦人摆摊占卜，无论谁来找他算卦，他都说“正月十五火焚身”，因此长安城陷入了巨大的恐慌中。

汉武帝听说了，就向东方朔请教对策。东方朔假装思考了一番，就对皇帝说：“听说火神君最爱吃汤圆，宫中的元宵姑娘是做汤圆的能手，十五晚上可让她做好汤圆让陛下焚香上供，并传令家家户户都做汤圆，供奉火神君。再让人们在十五晚上挂花灯、放鞭炮、放烟火，并让城外的百姓进城看灯，这样一来，整个长安城就像着了火一样，火神君就会被瞒过。”汉武帝听后十分高兴，就传旨照东方朔的办法去做。

其实东方朔这么做只是为了让元宵姑娘的父母有机会进城和她团聚。到了晚上，全城的百姓都上街看灯。元宵姑娘也提着花灯，走在人群中。元宵姑娘的家人也来到街上看灯。就这样，元宵姑娘终于见到了日思夜想的家人。

百姓闹了一夜花灯后，整个长安城果然平安无事。汉武帝十分高兴，下令以后每逢正月十五，家家户户都要挂花灯、吃汤圆，这一天也因此成了一个重要的传统节日——元宵节。

民间还有一种说法，认为元宵节能成为一个大节与道教有关。传说，正月十五是道教信奉的三官之一——上元天官的生日。为了让天官开心、喜乐，人们便在正月十五那晚燃灯。因此，正月十五日又叫“上元节”，后来慢慢演化为元宵节。你可能要问了，那元宵节要怎么过呢？别急，我们继续往下看。

闹元宵

元宵节和除夕夜不太一样，除夕夜是一家团聚的日子，人们都会在家守岁，迎接新年。而在元宵节，人们晚上是要出门嬉戏、玩耍的，这些活动被称作“闹元宵”“元宵闹夜”。锣鼓、灯火、游人编织着元宵节的良宵美景，构成了中国传统节俗的独特景象。元宵节的“闹”形式多种多样，让我们一起来看一看吧。

1. 锣鼓、歌舞之“闹”

正月半，敲铁罐。

“咚咚锵”，听到锣鼓声，大人、小孩儿都上街玩去了。元宵节气氛的营造怎么能少了锣鼓呢？以锣鼓为主的响器声是元宵节喧闹的声音之一。正月十五是春节最后的高潮，锣鼓也敲得更响了。没有锣鼓的也别着急，聪明的人们会敲击各种能发声的器皿，如盆子、锅碗，听着也非常有趣。

除了锣鼓声，元宵节还充满人们的歌舞游乐声，这是元宵节喧闹的声音之二。元宵节那天，民间会举行盛大的灯会和表演。除了常见的舞龙、舞狮等节目外，北方的秧歌，南方的花鼓戏、采茶戏也会在这天亮相。这些演出在平时是难得一见的。歌舞杂戏和锣鼓的喧闹，构成了元宵节俗的主要“声”源。

元宵节的锣鼓和歌舞游乐大大烘托了节日气氛，给人们带来热闹和欢乐，但在古代，它们是用来祛除不祥、赶走疾病、召唤春天与唤醒大地的活动。青海的土族要在元宵夜选出一些能歌善舞的小伙子，把他们装扮成神明的模样，然后大家敲锣打鼓，护送他们挨家挨户串行，最后各家各户会点燃一个巨型火把，送到村外事先指定的空地堆起来烧掉，代表把所有的瘟疫烧掉了，这在当地被叫作妆瘟。清朝京城儿童玩耍的“打鬼”游戏也有驱邪的象征意义。

2. 灯彩之“闹”

元宵节不仅有喧闹的声音，还有缤纷的色彩。除了游人和表演者鲜艳的衣着，元宵节的灯饰也十分吸引人。

元宵节张灯的习俗是怎么来的呢？原来，这一习俗是从上古时期一种用火驱赶疫病的巫术活动演化来的。后来，佛家燃灯敬佛的风俗流传过来，元宵节燃火夜游的古老习俗逐渐演变为张灯的习俗。

在隋朝，京城与其他州县的正月十五夜已经成为不眠之夜，家家张灯结彩，好不热闹。当时一位名叫柳彧（yù）的大臣曾将元宵节的景象上表皇帝：“元宵夜京城和外地州府的大街小巷全是结伴游玩的人，锣鼓更是敲个不停。灯火都把黑夜照成白昼了。大家呼朋唤友，聚在一起玩乐，有的戴着兽头面具，有的男扮女装，打扮得奇奇怪怪的。”由此可见当时京城及外地州府元宵灯火的繁盛景象。

在唐宋时期，张灯的习俗大大扩展。

唐朝的人们不仅在京城制作高达八十尺、光照百里的“百枝灯树”，还将张灯时间延长到三天。在正月十四、十五、十六这三天晚上，官府取消了宵禁，让人们彻夜自由往来。唐初诗人苏味道在《正月十五夜》中就赞咏了当时元宵夜的灯火盛况与游乐场景：

火树银花合，星桥铁锁开。
暗尘随马去，明月逐人来。
游伎（jì）皆秾（nóng）李，行歌尽落梅。
金吾不禁夜，玉漏莫相催。

宋朝的城市生活更加丰富多彩，元宵灯火也更为兴盛。连高高在上的帝王都会在元宵节亲自登上御楼饮酒、观灯。与唐朝相比，宋朝张灯的时间由三夜扩展到五夜，增加了正月十七和十八两夜。不仅如此，宋朝制作的灯笼比唐朝更加华丽奇巧，种类也大大增多。当时的元宵灯会上，各色灯笼琳琅满目，美不胜收。卖灯笼的女童为了吸引人买灯笼，挑着灯笼在街头玩闹。闹市的商铺门前挂着各式灯笼，有琉珊子灯、福州灯、平江玉棚灯、珠子灯、罗帛万眼灯，等等。一条条街道笼罩在彩灯的光芒中，连成了一片片灯海，真是美不胜收，热闹非凡。

值得注意的是，元宵节张灯的习俗，在宋朝受到皇室的鼓励，成为一种掩盖社会问题的娱乐形式。一些地方官员为了掩盖社会的黑暗，制造本地的太平景象，便不管百姓有没有足够的经济实力，都要求他们在元宵节期间一律张灯，这给贫苦的百姓增加了不必要的负担。据史料记载，北宋文人蔡襄在担任福州太守时，命令百姓每家每户都要在元宵节挂七盏灯。当时有一位叫陈烈的读书人，做了一盏大灯，还在灯上写了一首诗：

富家一盏灯，太仓一粒粟。
贫家一盏灯，父子相对哭。
风流太守知不知，犹恨笙歌无妙曲！

这首诗的意思是富人家财丰厚，元宵节挂灯对他们来说是微不足道的事。但是对那些穷人来说，挂灯是一个沉重的经济负担。可是太守不管人们是富是穷，命令每家每户必须挂灯，实在是不知民间疾苦。蔡太守见了这首诗，十分羞愧，只好取消让百姓挂灯的命令。

在元朝，元宵节传承了下来，不过和其他聚众娱乐的节日一样受到了限制。

明朝全面复兴宋朝制度，元宵放灯节俗延长到十天，京城百官也放假十天。民间各地观灯的时间不太相同，有的三夜，有的五夜或十夜。在明朝，元宵节为人们的市井生活增添了不少色彩，成为人们每年最重要的节日之一。江南大才子唐寅的《元宵》一诗，写出了当时元宵节夜晚灯月相映的美妙：

有灯无月不娱人，有月无灯不算春。
春到人间人似玉，灯烧月下月如银。
满街珠翠游村女，沸地笙歌赛社神。
不展芳尊开口笑，如何消得此良辰。

清朝的元宵灯市依旧热闹，只是张灯的时间减少了，一般为五夜。在北京，东四牌楼及地安门的元宵灯火最热闹。工部、兵部，东安门、新街口、西四牌楼的灯火也值得一看。花灯用纱绢、玻璃制作，上面描绘着古今故事，观赏性很强。清朝满族还带来了一种特殊的灯——冰灯。这些冰灯“华而不侈，朴而不俗”，具有极高的观赏价值。

在我国黄河流域，元宵节盛行一种叫作九曲黄河灯会的民俗活动。九曲黄河灯，也叫黄花灯。一盏盏灯构成一个庞大的连环灯阵，外形为正方形，里边分三行，每行有三个小正方形，共九个。灯阵里沿走向顺序用高粱秆儿扎成篱笆墙，这样既坚固又避免观众横穿巷道，走错方向。参观的人一个接一个往前走，总共要经过九十六处长短不等的拐角。灯阵灯光摇曳，五光十色，人们在其中行走，仿佛漫步在灿烂的银河。整个活动仪式在热闹与缤纷的色彩中透露着庄严、古朴的气息，别有特色。

元宵节的花灯不仅样式众多，有的上面还写着有趣的灯谜。灯谜，又叫灯虎，原来指一种贴在灯面上让人猜的谜语，是一种文字游戏。谜语的内容上自天文，下至地理，包罗万象，蕴含着丰富的中国传统文化知识，受到社会各阶层的喜爱，因此猜灯谜成为元宵节一项独特的娱乐活动。我国古典名著《红楼梦》就记叙了元妃在元宵节省亲回宫后，又派人送来灯谜供大家猜，并让每人再写一则灯谜带回宫的情节。

元宵节的色彩还体现在飞腾的焰火上。焰火，也称烟火，兴起于宋朝。当时皇宫观灯的高潮就是放烟火。夜深之后，乐声奏起，缤纷的烟火与热闹的乐声交织成一片，诉说着元宵之夜的喧腾。明清烟火品类众多，有盒子、花盆、烟火杆子、线穿牡丹、水浇莲、金盆落月等。放烟火时，皇宫到处都是一派火树银花的灿烂景象。民间百姓也会架起鳌山（用灯彩堆叠成的山，像传说中的巨鳌形状。鳌，áo），烧起旺火，张起灯放烟火，聚在一起欢快地饮酒，兴高采烈地闹元宵。

元宵节的声音与色彩共同烘托了节日气氛。正是这样热闹的场景吸引着乡村和城镇的居民纷纷走出家门，看戏、逛灯会、走百病、闹夜，连平日隐藏深闺的女子也有了难得的出游机会。

有趣的是，元宵节还有一个特有的人文景观——“男女往来交游”。什么是“男女往来交游”呢？看了下面这个小故事你就

知道了。

司马光是北宋一位有名的礼法之士。相传，他的夫人在元宵夜打扮好准备出门看灯，司马光说："家中点了灯，何必出去看？"夫人回答："还想看看游人。"司马光调侃道："难道我不是人吗？"

其实，司马光夫人所说的出去"看游人"，在传统社会中是十分难得的，因为人们平时限制在各自封闭的空间里，很难有聚会的日子。正月十五元宵节是一年中难得的"狂欢"节，人们在这一天可以打破日常秩序的约束，尽情享受感官的愉悦，祈求婚姻美满、子嗣绵延、身体康健与年岁丰收。

元宵月夜中的女性

太阳和月亮一个在白天出现，一个在夜晚出现。与太阳相对，古人把月亮叫作太阴。在古人看来，女性与月亮同属阴性性质，因此，女性成为元宵节的主要角色。以下是女性在元宵夜经常参与的活动。

1. 走桥玩月

唐宋以来，妇女都是城市元宵节夜晚一道亮丽的风景。她们走出家门，有的登楼赏月看灯，有的走桥玩耍。"月上柳梢头，人约黄昏后"的故事常常在元宵夜上演。

明朝北京的妇女会穿着白绫衫，结伴夜游，这叫作走桥，也称走百病，据说元宵夜走一走便没有腰腿病。此外，人们还到各个城门去偷偷摸门钉（宫殿、庙宇等大门上成排成列的圆头装饰物）来祈求子嗣，这叫"摸门钉儿"。锣鼓彻夜喧闹，大家不分男女，聚在一起玩乐，有跳绳的，有猜谜语的，热闹非凡。当时在福建一些地区，元宵节除了有十夜灯会，富裕家庭的妇女还会坐着轿子出行，坐不起轿子的妇女便步行，从几座桥上经过，这叫作转三桥，又称走三桥，目的是祈福消灾。明代诗人陆伸的诗歌《走三桥词》形象地描绘了当时妇女结伴走三桥的习俗：

细娘分付后庭鸡，
不到天明莫浪啼。
走遍三桥灯已落，
却嫌罗袜污春泥。

2. 偷菜设宴

妇女的游戏节目不同程度地体现了她们对生活的美好愿望。贵州黄平部分苗族正月十五流行过偷菜节——姑娘公开“偷”菜，做白菜宴，谁吃得多，谁就能早日找到如意郎君，同时她养的蚕也最壮，收获的蚕茧也最多、最好。在台湾，人们在元宵之夜也有“偷”的习俗。民谚说：“偷得葱，嫁好公；偷得菜，嫁好婿。”没有出嫁的女子要是能偷到他人的菜，就是得了个好兆头。这种“偷”的习俗虽然带有美好的寓意，目的也不是谋取他人的财物，但“偷”的行为始终是违法的。大概也正是因为这样，元宵节“偷”的习俗如今已很难见到了。

3. 拜紫姑、祀先蚕

妇女拜的姑娘神，南方多称“紫姑”“戚（七）姑”，北方多称“厕姑”“坑三姑”。传说，紫姑原名何媚，是山东莱阳人。她被李景纳为妾后，遭到了李景妻子的忌妒。在正月十五那天，她被李景的妻子杀死在厕所。后来上天十分同情她，就把她任命为厕神。

还有一种说法，认为紫姑是蚕桑神，她出身低贱，是一位容易接近的神灵。在传统社会，采桑养蚕是乡村女性的重要工作之一，因此妇女常常拜紫姑，向紫姑问年成、问婚姻、问祸福。《荆楚岁时记》（记述地方岁时民俗的著作。南朝梁宗懔撰。记述了荆楚岁时节令风物故事，保留了一些古代的神话和传说）就记载了这种情况：

其夕（正月十五晚），迎紫姑，以卜将来蚕桑，并占众事。

那么，这位姑娘神为什么又叫"戚（七）姑"呢？这就与另一个传说有关了。相传，紫姑其实是汉高祖刘邦的宠妃戚夫人。她生了赵王如意，得到了刘邦的宠爱，这令吕后忌妒不已。汉高祖去世之后，吕后剃了戚夫人的头发，还给她戴上铁圈，把她囚禁在永巷，命令她日夜不停地舂（chōng）米。戚夫人在饱受折磨时脱口作了一首诗，人称《戚夫人歌》，内容如下：

子为王，母为虏。
终日舂薄暮，常与死为伍。
相离三千里，当谁使告汝。

这首诗的意思是自己的儿子虽然是高高在上的赵王，自己却成了奴隶，不仅要日夜不停地舂米，还要整天跟犯了死罪的人在一起。长安城和儿子的封地相距三千里，应该让谁去给儿子送信，解救自己呢？最后，残忍的吕后派人用毒酒害死了赵王，又把戚夫人扔到厕所里杀害了。人们对这位惨死的戚夫人倍感同情，便奉她为神，称为戚（七）姑。

无论这位姑娘神是厕神还是蚕桑神，元宵节祭拜姑娘神这一习俗都因为贴近民众的生活，而逐渐成为元宵节俗活动的一个有机组成部分，对后世产生了持久、广泛的影响。

吃元宵

提到元宵节，怎么能少了热腾腾、香甜可口的元宵呢？吃元宵是元宵节的一个重要节俗。在明清时期，正月十五吃元宵就成为一种时尚了。明朝京城甚至在初九之后，就开始吃元宵。

元宵有很多名称，江南称“汤团”，苏州叫“圆子”，杭州称为上灯圆子。它用糯米细粉制成，里面包着核桃仁、芝麻或桂花、白糖。在祭祀祖先之后，家人、老乡一起享用圆子，代表团圆的意义。

当代中国无论南北，正月十五都会吃元宵。北方有些地区的街头还流行一种“摇元宵”的习俗：大箩里铺上干粉，将做好的馅儿心放到上面轻轻摇晃，使馅心沾上粉，洒水，再摇，馅心就会越滚越大，最后成形。摇元宵的过程也是一个民俗展示的过程，它为元宵节增添了节日气氛。

现在，社会急速变革，人们逐渐失去了元宵节一起闹元宵的兴趣。以前热闹、喜庆的节俗也慢慢被“吃元宵”这一食俗取代。其实元宵节这样一个历史悠久、影响深远的民俗节日，具有相当丰富的文化内涵。我们应该从自身做起，增加对元宵节的了解，传承它，发扬它。

阅读链接

元宵和汤圆有什么不同

元宵和汤圆都属于元宵节的时令食物，它们的外形相似，并且都是用糯米粉包馅儿做成的，所以很多人认为它们是同一种食物，只是南北方的叫法不同而已。其实，元宵和汤圆并不完全一样。

元宵和汤圆的制作方法不同。元宵是“滚”出来的。制作元宵前，人们要先拌好馅料，等晾凉后切成小块，蘸上水，放在盛有糯米粉的笸箩（pǒ·luo，用竹篾或柳条等编成的器物，帮儿较浅，用来盛放粮食、生活用品等）内，一边晃动笸箩，一边往馅料上洒水，这样里边的馅料就会滚成圆球。汤圆的做法有点儿像包饺子。人们先把糯米粉用热水或冷水和成粉团，放置一段时间让它醒（指和好面团后，放置一会儿，使面团软硬均匀）透，然后用手揪一小块粉团，挤压成圆片的形状，再把馅料包进去，收口。

两者在吃法上也不相同。元宵因为是用生糯米粉做的，所以比较难煮，煮熟后汤比较浓，像糯米面汤；汤圆比较容易煮熟，煮熟后的汤是清的。另外，元宵容易裂开，因此不易储存，所以大多都是现场制作，当日售卖。而汤圆冷冻后容易储存，所以全年都可以吃到。

提起清明节，我们常常会想到唐朝诗人杜牧的《清明》：“清明时节雨纷纷，路上行人欲断魂。借问酒家何处有？牧童遥指杏花村。”这首诗为我们营造了一种十分凄凉的氛围。不过，真正的清明节不只这一种基调，它作为二十四节气之一，还有着其他的内涵和多种多样的习俗。

第三节 清明节

清明戴新柳，
祭祖坟上走。
清明不戴柳，
红颜成皓（hào）首。

又是一年春草绿，又是一年清明时。清明节是中国传统节日，也是唯一一个既是节气，又是节日的民俗大节（冬至虽然在历史上有相当的地位，但现今影响较小，局部地区除外），时间在每年公历的四月五日前后。清明节是春日踏青的好时节。在明媚的春光里，万物复苏，春意盎然，既没有冬日的寒冷，也没有夏日的酷热，谁不喜欢呢？同时，清明节又是一个比较严肃的节日。

清明节从哪儿来

清明节源自上古时代的祖先信仰与春祭礼俗，兼具自然与人文两大内涵，是传统而又重大的春祭日子。

对祖先的追悼与祭祀是传统社会民众生活的重要内容。时至今日，祭祀仍为民俗生活中的大事。陕西桥山黄帝陵、轩辕庙作为中华民族的重要祭祀地，每当清明时节，民族亲情都在这里汇集、凝聚，从虔诚的祭祀礼仪中，我们能读出“血浓于水”的民族情缘。

汉魏以前，清明主要指自然节气，是与农事活动密切关联的节令。后世成为清明重要节俗内容的祭祀活动，此时由另一民俗节日承载，它就是寒食节。寒食节是清明节俗的源头，在清明前两日或一日，禁火冷食、墓祭及巫术性游戏等构成了它的特殊景象。

寒食节的由来据说和一个历史故事有关。相传，在春秋时期，晋国有一位忠臣，名叫介子推。他随公子重耳流亡十几年，两人算得上是生死之交。有一次，重耳饥饿难耐，又没有任何食物，介子推毫不犹豫地割下自己身上的肉给他吃。重耳在当了晋国国君后，分封群臣，只有介子推不愿受赏，带着老母亲隐居深山了。后来重耳多次请介子推下山为官，都被他拒绝了。介子推与母亲相依为命，后来被一场大火烧死在柳树下。他被烧死的那天正好是清明节的前一天。人们为了纪念他，便在这一天不生烟火，吃冷食。寒食节由此而来。

后来清明将寒食节俗收归到自己名下，与此同时它也改变了自身性质。唐宋之后，清明真正成为民俗节日，具有了节令与节日的双重意义，并且其节俗意义日渐增加。

清明节俗

清明是二十四节气之一。清明一到，气温升高，正是春耕的大好时节。正如民谚所云：“清明前后，种瓜点豆。”我国古代还有很多描述清明的诗句，例如，“满街杨柳绿丝烟，画出清明二月天”“梨花风起正清明，游子寻春半出城”，等等。

清明节是祭祖扫墓的重要日子。同时，清明节前后，春光明媚，桃花初绽，杨柳泛青，莺飞草长，油菜花香，非常适合踏青游春。除了祭祖扫墓、踏青游春，人们还会在清明节插柳驱邪、戴柳护生。

1. 祭祖扫墓

祭祖扫墓是清明节俗的重心。一到清明，人们就忙着祭扫，这是中华民族由来已久的传统。祭扫的时间并不限定在清明当天，在清明前三天、后四天的范围内均可。战国时期，孟子曾记载了一个与扫墓相关的故事，内容大致如下。

在齐国，有一个无所事事又很爱面子的穷人，常常喝得醉醺醺的，还向家人吹嘘自己有很多富贵朋友，经常请他喝酒。他在家中经常对妻妾颐指气使（不说话而用面部表情或口鼻出气发声来示意，形容有权势的人随意支使人的傲慢神气。颐，yí），十分傲慢。有一天，他的妻子开始怀疑他说的到底是不是真的，便暗地里跟踪他。原来他总是走到城外的坟墓中间，向那些扫墓的人乞讨残羹剩饭。一次不够，又到别的扫墓人那里继续乞讨。这就是他天天酒醉饭饱的方法。妻子回去之后就把自己看见的情况告诉了妾，还说：“丈夫是我们指望依靠过一辈子的人，现在他居然是这个样子。”于是两人一起到院子里边哭边骂。她们的丈夫却一点儿也不知道，还得意扬扬地从外面回来，在妻妾面前大耍威风。正是因为有人带着祭礼扫墓，那个齐国人才有机会乞食，回家装阔佬。由此可见，当时已经有了以酒食在墓区祭拜先人的习俗。但这种习俗似乎还限于有一定社会地位的人家，对于身份低微、财力微薄的平民阶层而言，并不普遍。

从古至今，无论城郊还是乡村，清明祭祖扫墓都显得格外热闹。古代帝王祭扫陵墓的声势与排场自然不必说，就连一般百姓也是提着装满祭礼的篮子或担着担子前往墓地。湖北民谚云：“三月清明雨纷纷，家家户户上祖坟。”由此可见祭祖扫墓在清明节的普遍性和重要性。

在清明节除了祭祖扫墓，人们还会修整坟墓，清除坟墓周边的杂草。在雨水到来前的春季，人们借清明祭祀的时机，对坟墓进行修整，这样既保全了先人，又尽了孝心。唐朝民众很在意修整坟墓这件事，诗人王建的《寒食行》就体现了这一点：

寒食家家出古城，老人看屋少年行。
丘垄年年无旧道，车徒散行入衰草。
牧儿驱牛下冢（zhǒng）头，畏有家人来洒扫。
远人无坟水头祭，还引妇姑望乡拜。
三日无火烧纸钱，纸钱那得到黄泉。
但看垄上无新土，此中白骨应无主。

这首诗的后两句还告诉我们，在唐朝人们会根据墓上有无新土来判断墓主有无子孙存在。现在某些乡村仍以清明祭墓活动的有无作为判断家族是否绵延的标识。

除了去墓地扫墓祭祀外，后世还有祠堂祭，也称“庙祭”。庙祭是宗族的共同聚会，在祭祖仪式结束后，由族长主持，大家共商族内大事，最后聚在一起饮食。以同食共饮的形式分享祖宗福分，让宗族凝聚在一起，是自古以来的传统。

2. 踏青游春

清明时节，杨柳青青，自然界生机一片，人们借扫墓踏青郊游，去感受生命的活力。

踏青，又叫春游、探春、寻春。中国的踏青习俗由来已久，传说远在先秦时期就已经形成，也有说始于魏晋。《晋书》（史书，唐房玄龄等主持编撰，记载了东晋、西晋的历史）记载，每年春天，人们都要结伴到郊外游春赏景，到了唐宋，这种习俗更加盛行。每到清明时节，无论男女老少，都会外出踏青，有的用柳条做成口哨吹，有的仰脸大口呼气，以发散身体里的火气。

除了踏青，人们还会在清明节举行放风筝、荡秋千、蹴鞠（cùjū，中国古代足球运动，用以练武、娱乐、健身）、打马球（在规定的场地上骑马者持球拐击球入门的竞技运动。源于汉魏，盛行于唐宋）、斗鸡子（比试染色鸡蛋的色彩与鸡蛋的硬度）、牵钩（一种类似拔河的游戏）、射柳等一系列活动。因此，这个节日既有祭祖扫墓的悲凉，又有踏青游玩的欢愉，是一个生死并重、富有民俗特色的节日。

读到这里，你一定想知道，世界上有这么多户外活动，为什么人们要在清明节放风筝、荡秋千、蹴鞠呢？这些活动和清明节有什么关系呢？

清明时节，风和日丽，正是放风筝的好时节。风筝又叫“鹞（yào）子”“纸鸢（yuān）”，制作时先用细竹扎成骨架，再糊上薄纸，造型有鸟、虫、鱼等，玩时利用风力升入空中，相传是汉初韩信发明的。在古代，放风筝是一种带有巫术色彩的行为。古人认为放风筝可以放走晦气，所以等风筝放上天后，故意剪断风筝线，期盼消灾祛难。俗谚“断鹞放灾”说的就是在清明节放风筝时，人们要把所有的灾病写在风筝上，等风筝飞高时，剪断风筝线，让风筝随风飘走，象征着所有的灾病都让风筝带走了。《帝京岁时纪胜》（清代潘荣陛编撰，记载了清代北京的社会生活和岁时风物）就记载了人们在清明节放风筝的情景：

清明扫墓，倾城男女，纷出四郊，担酌（zhuó，酒饭）挈（qiè）盒，轮毂（车轮的中心装轴的部分。毂，gǔ）相望。各携纸鸢线轴，祭扫毕，即于坟前施放较胜。

后来随着时代的发展，放风筝渐渐失去了巫术色彩，成为一种老少皆宜的娱乐方式，现在已经成为一项国际比赛项目。

除了放风筝，清明节还有一项有趣的活动——荡秋千。秋千历史悠久，古时的秋千大多是用粗树枝为架，再拴上彩带做成，后来逐步发展为用两根绳索加上踏板做成。荡秋千这项活动是怎么发展起来的呢？我们接着往下看。

在原始社会，我们的祖先为了取得食物，经常需要攀藤上树，于是就在这样的劳动中产生了荡秋千的活动。在唐宋时期，荡秋千逐渐成为女子喜爱的游戏。清明时节，人们换上春装，架起秋千，在空中飘来荡去，以舒展心情、排解烦恼。秋千荡得越高，就预示着将来的日子过得越好。现在，很多公园还专门设有秋千，供大家玩耍。

蹴鞠也是清明节一项重要的户外活动。在战国时期，蹴鞠就已经在齐、楚一带流行了。到了汉代，无论是在贵族中，还是在军队中，蹴鞠都十分常见，而且在民间也非常普及。直到唐宋时期，蹴鞠还很受欢迎，并且在原有基础上发展为“蹴球”。不过，到了清朝，蹴鞠逐渐衰落了。

蹴鞠的表皮用皮革制作而成，内部塞了羽毛，整体上看，很像现代的足球。它的玩法就是用脚踢，如果能达到“球不离足，足不离球”的效果，那么踢的人就会被认为技艺精湛。杜甫还曾在《清明二首》中提到这种运动——“十年蹴鞠将雏远，万里秋千习俗同”。

在宋朝，为了让人们有时间扫墓、踏青，官府特地规定在清明节要放假。北宋著名画家张择端的《清明上河图》就生动地描绘了清明时节以汴京（今河南省开封市）外的汴河为中心的热闹情景。

3. 插柳驱邪，戴柳护生

插柳、戴柳是清明节特有的风习。在初春四野一片苍茫之际，柳树最先吐出新绿。它易栽易活的生存特性，显示了旺盛的生命力。因此在古人的观念中，柳树可不是普通的树木，它有着神奇的作用。

柳树的作用之一就是驱邪。在古人看来，柳树是一种会令“鬼魅”害怕的树，也被称为鬼怖木，所以人们会用桃树枝做成弓，柳枝做成箭，用来驱邪避魅。除此之外，人们还会将柳条插在门户之上，认为这样“鬼邪”就不敢进门了。

古人还认为插柳能消灾远祸。在春夏之交，人们容易受到季节性疫病的侵袭，为了身体健康，人们便利用清明节俗进行祈福消灾。加上柳与“留”谐音，人们便常用青青的柳枝表示对时间和青春的挽留。

如果说插柳是为了辟邪，那戴柳就不一样了。人们把柳枝或柳叶戴在头上，既吉祥又有生气。这一习俗受到很多人的喜爱。清朝文人杨韫华的《山塘棹歌·插柳枝》就为我们描绘了人们在清明节戴柳的情景：

清明一霎又今朝，
听得沿街卖柳条。
相约比邻诸姊妹，
一枝斜插绿云翘。

民谚说：“清明不戴柳，红颜成皓首。”青柳留春，象征着人们用青青的柳枝挽留青春，“留青”也就留住了“红颜”，留住了生命。

清明滋味长

中国人一向重视在特定的时令养生，因此，清明的饮食与春季养生相关。每逢清明，人们便会吃寒食燕、清明团和清明饭等季节性食物。这些食物大都与寒食节的禁火习俗有关，故被称为寒食。

寒食燕是山西一些地区过清明节的节令食品，也称子推燕。人们用枣泥与面粉调和，捏成燕子形状，再用柳条串起来，插在墙上，以纪念晋国先贤介子推。子推燕象征春阳，有驱邪、保健的功效。清明团也是人们在清明节一定要吃的食物。它是一种用青色的艾草汁将糯米粉染色制成的粉团，可以冷食。

在广东，客家人还会制作清明饭。清明前夕，勤劳的客家人会从野外采集各种可食用的药用植物，如艾草、鸡矢藤、清明菜、荠菜、枸杞叶等。清明饭的做法并不复杂，将这些植物洗净、去梗、煮熟，拌在预先浸透、滤干的糯米（加适量大米）中，捣成饭团，再添进红糖搓匀，制成饭块蒸熟即可。清明饭因所用药材不同，风味各异，食而不腻，可作点心，也可馈赠亲友，特别受小孩子的喜爱。人们认为清明饭的原料来源于中草药，在清明时节食用可清凉解毒、驱邪保健。

在春天的饮食中，不能不提春茶。春茶，也称清明茶，是清明时节采摘的茶叶嫩芽，色泽绿翠，叶质柔软，富含多种维生素和氨基酸，冲泡后香气四溢，味道醇厚。清明茶是饮食民俗中的养生佳品。采茶人在采摘春茶时，要特别仔细，只能用指甲掐，不能以手指扯。“新火试新茶”曾是古代格外流行的时尚。清明时节，无论家居还是出门在外的文人雅士，都会以清明钻取的新火煮新茶。

在生命之花竞相绽放的明媚春天，中国人传承着古老的天人合一的理念，追念亡人，祭祀祖先，踏青郊野，助阳护生，践行着生命传递的意义。清明让我们暂停脚步，回归自然，回到祖先安息的地方，重温先人的智慧，聆听传统的声音。祖先墓地不仅是生命之根，也是情感之结，无论我们走到哪里，都牵挂着那一方乡里庐墓。

阅读链接

北宋的艺术珍宝——《清明上河图》

《清明上河图》是北宋画家张择端的代表作，描绘了北宋京城汴河两岸繁华、热闹的景象和优美的自然风光，形象生动地反映了当时社会各阶层的生活状况。整幅图宽约25厘米，长约529厘米，其中的城郭、街市、舟桥、车马刻画精细，商贩、农夫、工匠、艺人、官绅、仕女、僧侣，各种人物形神兼备。人物往来衣着不同，神情各异，其间还穿插各种活动。《清明上河图》规模宏大，场面壮观，构图疏密有致，富有节奏感和韵律的变化，笔墨章法十分巧妙，具有重要的历史价值和艺术价值。

历来人们对《清明上河图》的“清明”二字到底是什么意思存在很大的争议。有人认为“清明”指的是清明节这天，有人认为“清明”的意思是政治清明，整幅画作是在描绘当时社会的太平景象。但是无论“清明”的确切含义是什么，都不影响《清明上河图》卓越的艺术价值，它是中国乃至世界绘画史上的杰作。这幅画作现收藏于北京故宫博物院，有机会的话可以去领略一下它的风采。

第二章　夏之故事

提起端午节，我们自然会想到“吃粽子”“赛龙舟”“悼屈原”这些关键词，但是为什么我们要在那天吃粽子、赛龙舟、悼屈原呢？要了解其中的原因，就必须从端午节的由来说起……

端午节

粽子香，香厨房。
艾叶香，香满堂。
桃枝插在大门上，出门一望麦儿黄。
这儿端阳，那儿端阳，处处都端阳。

端午节，民间常称端阳节，是夏季传统大节，时间在农历五月初五。端午节的名称还有很多，如天中节、天医节、粽子节、龙船节、诗人节等。自古以来，端午节都是人们心中重要的节日，在这一天，人们要吃粽子、赛龙舟、采艾草、祭先贤……热闹非凡。

端午节从哪儿来

1.“恶”月“恶”日要除“恶”

端午作为五月初五的节名始于魏晋时期，原本是指农历五月的第一个午日。

在过去，农历五月被称为“恶”月，端午节是一个人人自危的“恶”日。因为农历五月初五，蛇虫出没，炎热难当，气候条件十分恶劣。传说此时瘟神降临人间，散布瘟疫。人们为了预防疾病、驱赶瘟疫，常在门口挂艾蒿、避瘟葫芦，贴天师画像。你发现了吗？那时候的端午节更像是一个避瘟保健的“卫生节”。

2. 追念先贤

关于端午节的起源众说纷纭，到现在也没有定论。有人说端午节是祭奠龙的节日，还有人说是为了纪念春秋时期吴国大夫伍子胥（xū），而流传最广的说法则是为了纪念伟大的爱国诗人屈原。那么屈原到底有什么样的魅力，做出了什么壮举，值得人们特地用一个节日，年年岁岁来纪念他？这还得从他不顺的仕途说起。

屈原是战国时期楚国人，从小博闻强识、志向远大。青年时期，他受到楚怀王的赏识和信任。那时，秦、楚、齐、燕、赵、韩、魏七国争霸，战事频发，百姓苦不堪言。这让年轻的屈原内心十分痛苦，立志要通过自己的努力改变现状。于是，他对内积极辅佐楚怀王变法图强，对外坚决主张联齐抗秦。在屈原的努力下，楚国一度出现了国富兵强的局面。可惜好景不长，屈原为人耿直，不愿与上官大夫等人同流合污。上官大夫便向楚怀王进谗言，使屈原慢慢失去了君王的信任。

公元前278年，秦将白起一举攻破楚国都城郢（Yǐng，在今湖北省荆州市荆州区西北）。忧国忧民的屈原彻底绝望了，抱石投汨（mì）罗江自尽，以身殉国。传说屈原投江的这一天就是五月初五。百姓们听闻噩耗，纷纷赶来打捞屈原的尸体，结果一无所获。人们担心江里的鱼虾吃掉屈原的身体，于是用苇叶包裹糯米饭，投进江里喂鱼虾，希望鱼虾不要糟蹋屈原的遗体。

还有人担心江中的蛟龙也来吃赤胆忠心的屈原，便向江里洒雄黄酒（掺有雄黄的烧酒，民间在端午节时饮用），希望能毒晕蛟龙。后来，屈原因赴水而死的关系被奉为水神，形象日益崇高。悼念屈原的活动也慢慢与五月初五的节俗相结合，促进了端午节的转变升华。

其实，屈原并不是古时人们在端午节唯一祭祀的人。南方楚越之地自古就有祭祀水神的传统，夏至（二十四节气之一，在6月21日或22日。这一天太阳经过夏至点，北半球白天最长，夜间最短）时节的飞舟竞渡、饭食投江，本意就在于乞求神灵的佑护。端午节是祭祀先人的时节，在多数地区，人们祭祀的是具有高尚人格或对地方有特殊贡献的先贤，如楚地的屈原，吴越地区的伍子胥、勾践与曹娥（东汉时期著名孝女），广西苍梧的陈临，道教创始人张道陵等。其中屈原对后世的影响最大，长江中游端午节俗中最引人注目的“龙舟竞渡”，传说就是为了追悼屈原。

屈原的传说使端午节俗在原先单一的避瘟驱恶的主题上，加入了追念先贤的含义，使端午节具有了更庄严的内涵。因此，端午节俗在后来的漫长岁月里得到了持久、有效的传承，并发展壮大，成了今天中国人生活中一个重要的传统节日。

端午节怎么过

端午节在千年的传承和发展中，形成了很多围绕避瘟保健与追念先贤的节俗传统。

1. 避瘟保健

在湿热的农历五月里，由于蚊蝇的肆虐，疾病瘟疫容易流行。

人们每逢端午节便会在自家门口悬挂艾蒿与菖蒲（chāngpú，多年生草本植物，生长在水边。根状茎可做香料，也可入药），用来驱邪保健。艾蒿与菖蒲是五月时节的药用植物。艾蒿含有芳香的艾油，艾油有杀菌、清洁空气的效用。菖蒲同样含有芳香性的挥发油，民间将它与艾叶配合使用，俗称“艾旗招百福，蒲剑斩千邪”。人们不仅把菖蒲挂在门口，还以菖蒲根为簪（zān），作为端午节的头饰。

端午节在门口悬挂艾蒿、菖蒲的习俗据说和一个民间故事有关。

唐朝末年，黄巢发动农民起义，因此社会动荡不安，老百姓一听说“黄巢来了”，就吓得到处逃难。这一年五月，黄巢带兵进攻河南，已到了邓州城下。黄巢在城外勘察地形，看到众多老弱妇孺匆匆往城外拥。其中一个妇人引起了他的注意，只见这位妇人背着一个包袱，手里拉着一个年纪较小的男孩儿，却怀抱着一个年纪较大的男孩儿。

黄巢十分好奇，于是下马问这位妇人：“大嫂，你这是要去哪里？”妇人回答：“黄巢来了，他可是个杀人不眨眼的坏人，过不了几天就要攻进邓州城了，城里的男人都被调去守城了，我们这些老弱妇孺，只能自己想办法逃命了。”

黄巢又问：“那你为什么不把小孩子抱在怀里，却把大孩子抱在怀里呢？”妇人说：“怀里的大孩子是大伯家唯一的活口，手里牵着的才是我的儿子。万一遇到危险，我宁愿丢掉自己的儿子，也要保住大伯家的这根独苗。”

黄巢听了妇人这番话，很受感动，于是对妇人说：“大嫂，你快回家吧，回去后把艾蒿和菖蒲挂在门口，这样黄巢的军队就不会伤害你了。”妇人按照黄巢说的做了，还把这个办法告诉了别人。

第二天正是五月初五，黄巢的军队进城了，然而他们看见家家户户都在门口挂上了艾蒿和菖蒲，黄巢见状，只能遵守承诺，带着军队离去，全城的人因此幸免于难。后来，为了纪念这件事，每到五月初五，人们都会在门口挂艾蒿、菖蒲。

除了悬挂艾蒿、菖蒲，人们认为在端午节系五彩丝也具有驱邪避瘟的作用。五彩丝，俗名端午索，又称长命缕、续命缕、百岁索。古往今来，人们把青、赤、黄、白、黑五种彩线搓成一股绳（或单独散线使用），或直接将它戴在手臂上，男左女右；或用它穿饰物、编丝袋，挂在胸前。人们认为，佩戴了五彩丝就相当于用一种特殊的线将人的生命系住了，可以让人们安全度过端午时节。五彩丝的魔力源于古代流行的阴阳五行观念。古人认为五行相生相克，能达成一种宇宙的和谐，所以用五彩丝线做的端午索具有辟邪求吉的效果。有些地方还用彩线编成丝囊（náng），端午节小孩儿将鸡蛋装在丝囊中，挂在胸前，互相斗蛋取乐。

“雄黄酒，洒亭户，小孩儿头上画老虎。”雄黄酒是端午节流行的驱邪避瘟的药物，人们在端午节饮用雄黄酒，以求“饮了雄黄酒，百病都远走”。除了饮用，人们还用雄黄酒在小孩儿的额头上画“王”字，同时将雄黄酒洒在墙角、门后、床下等阴暗处，用来避虫蛇。在《白蛇传》的传说中，法力高强的白娘子正是在端午节误饮了许仙带回来的雄黄酒，抵挡不住其毒性，才现出了原形。可见雄黄酒的毒性用来对付虫蛇还是非常有效的。不过，雄黄酒含有砷（shēn）与汞（gǒng）等有毒物质，是不可以饮用的。

为了避瘟保健，民间还流行在端午采药。古时候，人们认为五月初五午时的太阳最烈，这时百草都是药，因此端午是不可多得的采药良日。端午采药的传统在民间历代相传，近代湖北英山还流传着“日午，采百草以为药物”的习俗。端午采药的习俗甚至流传到了其他国家。在越南，端午的重要习俗之一就是采药。采药必须从正午开始，因为那时采的草药，药效最强。采够一百种草药，晒干治病，对外感、阴虚之病非常有效。除了越南，朝鲜会在端午的午时采益母草、豨莶草（一年生草本植物，全草入药。豨莶，xīxiān）“晒为药用”。日本将端午采药称为“药狩”。还有人在端午这天到处寻找蟾蜍（chánchú），以提取蟾酥（蟾蜍表皮腺体的分泌物，白色乳状液体，有毒。干燥后可入药）作为治天花、毒疮的用药。北京旧时还流传着一句俗语："癞蛤蟆脱（躲）不过五月五。"看来，端午节对蟾蜍来说可不是什么好日子呀！

2. 吃粽子

"五月家家过端阳，盐蛋粽子与雄黄。"端午节的粽子是一种意蕴特别深厚的食物，它不仅造型独特，其包裹的方式与包裹的内容也都有特殊意义。汉魏以前，粽子本来是适应夏至时令的象征物，被人们称为"夏至粽"。后来夏至节俗移到了端午节，粽子便改称为"端午粽"。那时的粽子用菰（gū）叶包裹，粽子馅儿为龟肉或鸭肉。这和现在的粽子口味还是有差别的。汉魏以后，粽子又与追思屈原的传说产生关联，成为祭祀屈原的纪念物。屈原的故乡秭归（地名，在湖北。秭，zǐ）地区的人们会在端午粽子中特意包上一枚红枣，象征屈原的赤胆忠心。

今天人们常常为粽子应该是咸的还是甜的争得不可开交。其实，咸粽和甜粽都由来已久。现在，人们在粽子里包裹的馅料更丰富，口味也变得更多了，但吃粽子顺应时节、纪念先贤的意义依旧在传承。

3. 龙舟竞渡

端午节不仅有好吃的，还有好玩儿的。端午节的娱乐活动主要有龙舟竞渡与斗百草、斗蛋等。

热闹的龙舟竞渡是南方水乡一项古老的活动。在古代，龙舟竞渡双方的竞争，象征着阴阳二气的争锋。龙舟竞渡的原始意义在于顺时令，实现阴阳的和谐。六朝时期，龙舟竞渡又增添了悼念屈原的内涵。古代人们在端午节进行龙舟竞渡的兴趣浓厚，有些地方甚至呈现出“风俗如狂”的状态。明朝文渊阁大学士李东阳的《竞渡谣》对竞渡的情形有以下描述：“湖南人家重端午，大船小船竞官渡。彩旗花鼓坐两头，齐唱船歌过江去。从牙乱桨疾若飞，跳波溅浪湿人衣。须臾（yú）欢声动地起，人人争道得标归。”大意是龙舟的速度太快，赛事太激烈，溅起的水花打湿了人们的衣裳。不一会儿，只听到震天动地的欢呼声，大家都在为获胜夺标的队伍欢呼。据记载，历史上龙舟竞渡活动在江浙地区最盛行，其次是湖北、湖南、广东、福建。竞渡用的龙舟，普通的可容纳十人，大的可容纳约二十人。选手们奋力划桨，你争我赶，速度之快，顷刻间就能飞驰数里。端午节赛龙舟的传统至今仍在南方水乡地区传承，而在北方自然条件允许的地方，这一传统也得到了传承。

明代杨嗣昌在《武陵竞渡略》中详细描述了当年武陵地区端午竞渡的场景，说竞渡时有各种习惯的技巧、玩法，或者前驱中流，阵容齐整；或卷旗息鼓，悄然整先；或忽进忽停，以消耗对手；或甲船与乙船竞赛，丙船上前干扰，待甲乙准备与丙竞赛，丙船却抽身而退，让甲乙争锋，称为“送船”；或甲强乙弱，让乙先行，甲从后追赶，称为“赶船”；或自知力不如人，遇敌先逃，称为“怯船”。

现在，每年端午时节，不仅中国各地举办龙舟赛，全球许多国家也会进行激烈的龙舟大赛。赛龙舟成了端午节俗的主要标志，端午节也因此多了一个名字——龙舟节。

除了龙舟竞渡，古时端午的节日娱乐还有“踏百草”“斗百草之戏”等。踏百草习俗，在后来演化为端午郊外出游。北方地区还流行端午射柳的游戏。南北方一些地区还有端午打石头仗的习俗。斗草有两种斗法：一种是文斗，即斗草名，互相以草名对答，像对对联一样。比如，《红楼梦》第六十二回的“观音柳”对“罗汉松”，“君子竹”对“美人蕉”等，对不上为输。一种是武斗，即比试草的韧性，以韧性强者为胜。端午节的娱乐活动还真不少，你的家乡是否也有特别的端午节活动呢？

4. “女儿节”

端午节不仅热闹，还很温暖。明朝时，北京的端午期间，家家会打扮小闺女，给她们戴上石榴花。直到近代，江苏、湖北、陕西一些地区新出嫁的女儿还要在端午节回娘家省亲。湖北秭归会在端午节期间接女儿女婿回家过节，因此有这样的民谣：“五月五过端阳，家家户户接姑娘。”有的还会带着幼儿回娘家，称为“躲端午”。因此端午节又被称为“女儿节”。

日本鹿儿岛在五月初五也有类似的节俗，母亲在这天会背着不到一岁的小女孩儿在外跳一种叫作幼女祭的圆圈舞。朝鲜也称五月初五为“女儿节”，那天出嫁了的女儿要回娘家。儿童还会在这一天用菖蒲汤洗脸，脸上涂胭脂，头戴菖蒲根做的发簪，这被称为“端午妆”，据说可以避瘟。由此可知，端午作为女性节日，特别是小儿的避忌日，是整个东亚地区的习俗。

当代社会，在全球化的浪潮中，了解传统节俗是我们保存和弘扬民族文化的重要内容，其中弘扬端午节俗对当代中国人来说尤其重要。我们应该从建构民族文化的角度来认识端午节俗的意义。闻一多先生之所以在《端午考》中强调龙舟的意义，强调龙崇拜，就是想要我们从传统节俗中寻找民族文化的精神依据，虽然他的结论我们不见得同意，但是我们认同闻先生的研究意识。

了解了意蕴丰富的端午节俗，我们便不难理解端午节的历史地位和屈原所代表的文化精神。人们都喜欢在节日送上祝福，春节时说“新春快乐”，元宵节时说“元宵节快乐”……那么端午节的祝福该怎么说呢？它的两大主题是避瘟保健和悼念先贤，我们端午问候时，也许说“端午吉祥”比说“端午快乐”更贴近端午节俗的原意。当然，在端午节已经成为现代生活的重要组成部分时，祝福端午快乐，也很自然。

阅读链接

中国传统医学——中医

上文提到的雄黄、艾蒿与菖蒲等都具有药用价值，属于中药材。中药，古称“本草”，主要为天然药及其加工品，包括植物、动物、矿物及部分化学或生物制品等。中药的使用要遵循中医理论。中医是中国传统医学，是经过长期的医疗实践，并在中国古代文化如天时、地理、物候，以及阴阳、五行等自然科学和哲学的理论基础上逐渐形成和发展起来的一门医学。

中医以望、闻、问、切为诊病方法。古代著名的医学家有扁鹊、张仲景、孙思邈等。经典的中医著作有《黄帝内经》《伤寒杂病论》《神农本草经》《本草纲目》等。十九世纪初期，当西方医学传入中国并普及以后，为了有别于西医而开始有中医这个名称。中医为中华民族的生存繁衍以及中国邻近国家人民的健康事业，做出了巨大的贡献。

第三章　秋之情思

七夕节是一个富有浪漫色彩的传统节日。传说这天，牛郎、织女会在鹊桥相会，诉说离别之情。如今，七夕节已经成为象征男女爱情的美好节日。那么，七夕节是如何从一个分离日演变为美好节日的呢？让我们一同来解开这个谜题吧！

第一节　七夕节

迢迢牵牛星，皎（jiǎo）皎河汉女。
纤纤擢（zhuó）素手，札（zhá）札弄机杼（zhù）。
终日不成章，泣涕零如雨。
河汉清且浅，相去复几许。
盈盈一水间，脉（mò）脉不得语。

这首《古诗十九首·迢迢牵牛星》写出了牛郎和织女由于银河的阻隔而不能相见的苦闷。但是，牛郎和织女并非一年到头都无法见面。每年农历的七夕便是牛郎和织女相见的日子。七夕节，又称乞巧节。有人说七夕是中国古代的情人节，牛郎织女七夕鹊桥相会，至今仍为佳话。“牵线搭桥”是撮合青年男女的民间俗语，“牵线”牵的是月老的红线，“搭桥”搭的是喜鹊的爱桥。但你可能不知道，最初的七夕并不是什么良辰吉日，而是一个凄苦的分离日。

最初七夕为什么不是良辰吉日，而是分离日呢？作者的这句话把我们的好奇心勾了起来。

七夕节从哪儿来

农历七月初七是中国的七夕节。七夕节是从古代的星宿崇拜演化而来的，它的日期在上古是根据织女星的位置确定的。织女星是天琴座中最亮的恒星，因此很早就受到人们的注意。在上古时期，人们将织女星作为季节的标志星。与织女星相对的牵牛星在古代同样被当作天文时间变化的标志。随着社会的发展，古人的想象力越来越丰富。他们把人间生活和天空渐渐联系在一起，产生了许多浪漫的想象，有关织女、牵牛的神话传说便慢慢产生了。《诗经·大东》曾记载：“维天有汉，监亦有光。跂（qí）彼织女，终日七襄。虽则七襄，不成报章。睆（huàn）彼牵牛，不以服箱。”

天琴座是银河中一个灿烂的星座，它的形状就像古希腊的竖琴，并由此得名。著名的天琴座流星雨出现在每年的4月19日至23日，其中以22日最为壮观。我国古代典籍《春秋》生动地记载了公元前687年天琴座流星雨爆发时的情形——“夜中，星陨如雨”。感兴趣的话可以在合适的时间观测一下。

这几句诗歌的大意是，天上的银河波光荡漾，银河这边，织女每天移动七次，忙忙碌碌也没有织出布来；银河那边，闪亮的牵牛也不拉车负重了。显然，此时的织女星与牵牛星已经被拟人化了，然而那时织女与牵牛之间还没有产生爱情传说。那么他们之间的爱情传说是什么时候出现的呢？

秦朝初年，民间传说牛郎（即牵牛）要在七月初迎娶织女，但因为河汉的阻隔，婚事没有办成，所以人们认为，如果在那时娶妻的话，不出三年丈夫就会离开妻子。这一说法影响到了百姓的日常生活，人们从此便不在七月初婚嫁。七月初随之成为一个结婚的禁忌时日（七月初七自然也不例外）。

到了汉朝，牛郎、织女的悲剧传说演变为牛郎织女鹊桥相会的喜剧故事，七月初七也逐渐演化为良辰吉日，七夕节由此诞生。

民间有许多关于牛郎、织女的故事，其中一个故事讲述了牛郎迎娶织女时，因为没钱制办聘礼，便向天帝借了两万钱，事后一直不还。天帝一生气，就将牛郎赶到另外一个星宿去了。这个故事反映了当时钱财对婚配嫁娶的影响。

另一个故事说织女住在天河东边，是天帝的女儿，她年年埋头织布，十分辛苦，最后终于织成了云锦天衣，自己却累得憔悴不堪，无心观赏。天帝心疼女儿独自生活，便将织女许配给了住在天河西边的牛郎。婚后，牛郎、织女恩爱和睦，小日子过得安逸自在，织女便忘了为天帝织云锦天衣的事。天帝很是生气，责令织女回到河东，只允许她每年七月初七见牛郎一面。在这则传说中，天帝似乎是一个严厉的家长，而织女与牛郎的分离，是因为织女的过错，这大概是对当时家族生活的反映，体现了家族社会的伦理规范。

随着社会的发展，牛郎和织女的故事也在不断发生变化。后来，人们突出渲染牛郎和织女之间的真挚感情、对天庭的反抗以及七夕鹊桥会的喜悦之情，故事最后也都以喜剧结局。正如宋朝文学家秦观所写《鹊桥仙·纤云弄巧》：

除了这首《鹊桥仙·纤云弄巧》，你还知道哪些和牛郎、织女有关的诗词？

纤云弄巧，飞星传恨，银汉迢迢暗度。
金风玉露一相逢，便胜却人间无数。
柔情似水，佳期如梦，忍顾鹊桥归路！
两情若是久长时，又岂在朝朝暮暮。

汉魏六朝时期，七夕节在人们心中已经是情人节了。到了那天，人们用五彩的丝带相互缠绕，代表爱的联结。各种各样的乞巧习俗也开始出现在七夕节俗中。

除了祈求男女好合，古人还在七夕节祈求生活幸福美满。每到七月初七牛郎和织女相会的夜晚，人们便把庭院打扫干净，摆上茶几饭桌，供奉酒脯（酒和干肉，后泛指酒肴。脯，fǔ）、果子。有的人还说只要见到天上的银河泛出阵阵白气，并闪出五彩的光芒，就要赶快叩拜，向上天表达你求富贵、求寿命或者求子的愿望，并且三年内不能告诉任何人，否则无效。

七夕节还是一个人神交游的好时机。传闻，汉武帝听说西王母拥有可以让人长生、飞仙的不死药，便在七夕节那天与西王母见面，求取不死药。而西王母降临前经常有青鸟探路，这一事件逐渐演变为牛郎织女传说中喜鹊搭桥的情节。可见，当时的七夕节已经成为欣赏天庭欢会、乞求人间幸福的良宵了。

根据《山海经》记载，青鸟是为西王母取食、传信的神鸟。后来人们把传信的使者称作“青鸟”。李商隐在《无题》中就把青鸟作为传递消息的使者：“蓬山此去无多路，青鸟殷勤为探看。”

牵牛、织女二星分别位于天河两侧，从天文学角度看是永远不会相聚的。它们之间的距离十分遥远，即使住在牵牛星上的牛郎给住在织女星上的织女发一封无线电报，那他也得等几十年才会收到织女的回音。但遥远的距离不能阻隔人们的情感，人们根据自己的美好愿望把牵牛星和织女星联系起来，牛郎和织女的相会似乎也因为这种美好愿望而变得更加自然与必要了。在古代社会，男女交往遇到的困难是巨大的，但无论有多大的阻力，人们也要寻找时机相聚。这大概就是七夕节在古代得到重视，从而演变为民俗大节的原因吧。

七夕乞巧

汉魏以后，七夕主要成为表达女性愿望、比试与展示女性巧艺的节日。心灵手巧是中国传统社会对女性的特别要求，古代的“妇功”〔指妇女所做的家务及纺绩、刺绣、缝纫等事。旧时所称的妇女“四德”（封建礼教认定妇女应具有的四种德行，即妇德、妇言、妇容、妇功）之一〕更是强调女性要掌握纺织、针线等技艺。七夕乞巧习俗丰富多样，很多流传至今。下面就来介绍几种七夕乞巧习俗。

1. 穿针

穿针是一个传统的七夕乞巧项目，穿针用的是五彩线，针也是特制的七孔针或九孔针。在民间，还有一种观影乞巧，就是把针、植物的根茎等抛到盛有清水的碗中，在日光下观察物件在水中散开的样子，来判断是否得巧。观测蜘蛛结网也是古代乞巧的方式。人们将蜘蛛放在盒中，如果蛛网结得周正，就是得巧。

唐代诗人林杰在其《乞巧》中就描写了民间在七夕穿针乞巧的活动：

七夕今宵看碧霄，
牵牛织女渡河桥。
家家乞巧望秋月，
穿尽红丝几万条。

2. 种巧芽

大家一定都吃过豆芽，还有人可能自己种过豆芽。但是谁能想到，种豆芽竟然是一种乞巧方式！在七夕前种豆芽、种麦芽统称种巧芽，是民间一种十分特别的乞巧方式，从宋代就已经开始，至今仍在西北地区的乡村传承。妇女会在七夕之前培植豆芽或麦芽，到七夕当天，她们会带着各自精心培植的作品，让大家品评，看谁的巧芽长得茁壮、顺溜。种巧芽可不仅仅是一种比试，它还能增进交流，让大家学到更好的种植技艺。

3. 拜巧娘娘

在一些地区，人们会在七夕举行类似成年礼的仪式。甘肃省陇南市西和县位于秦岭南侧，是秦朝的故地，那里的地理环境、生活方式与历史传统共同孕育了独具特色的七夕乞巧风俗。西和乞巧节是地道的“女儿节”。年轻未婚女性会在七夕迎拜巧娘娘。巧娘娘是旧时西和地区女性的保护神，是她们的精神依靠。美丽聪慧、善解人意的巧娘娘是西和女性理想的化身。

在迎拜巧娘娘的过程中，少女们会在一起过七天八夜的集体生活，完成成年礼的仪式。乞巧活动结束后，组织者会宣布举行送巧仪式。少女们齐唱送巧歌，送别巧娘娘。送巧仪式结束后，少女们将各奔东西，有的姑娘将要出嫁，以后难再相聚。因此她们依依不舍地告别，很多人唱着唱着就失声痛哭。

近代山东一些地区也有拜巧姐乞巧、唱乞巧歌的习俗：

我请巧姐吃桃子，巧姐教我缝袍子。
我请巧姐吃李子，巧姐教我学纺织。
我请巧姐吃甜瓜，巧姐教我学绣花。

近代以来，越来越多的西方节日开始进入中国，吸引了许多追求新潮的年轻人的目光，西方的情人节更是受到年轻人的热烈追捧。后来人们发现中国传统的七夕节也有两情相悦的元素，于是提出了“七夕是中国的情人节”的说法。现在，越来越多热爱中国传统文化的人选择在七夕这一天表达自己的情感。

阅读链接

卜巧、赛巧和输巧

七夕节是一个以女性为主角的传统节日。据说，在七月初七这天，地上的女子趁牛郎和织女鹊桥相会的时候，会向心灵手巧的织女乞求，让她传授自己手艺，如纺纱、缝衣、织布等。《荆楚岁时记》里就有这样的记载：

> 七月七日，为牵牛织女聚会之夜。是夕，人家妇女结彩缕，穿七孔针……陈瓜果于庭中以乞巧。

从这段话中我们不难看出乞巧风俗在当时社会的流传之广。不同的地区流行不同的乞巧风俗，如卜巧、赛巧、输巧等。卜巧，即卜问女子将来是巧还是笨；赛巧，即通过“对月穿针”的方式来比赛，其中穿得最快的人乞到的巧也就最多，穿得最慢的人就“输巧”了，输巧的人不仅乞到的巧最少，而且还要把预先准备好的礼物送给穿得最快的人。

过完了七夕，就迎来了秋天的第二个节日——中元节。中元节与清明节都是中国传统的祭祖节日，但不同的是，中元节是一个更有人情味的节日。因为在中元节，人们除了缅怀先人，还会放河灯安抚游荡的“魂灵”……

第二节　中元节

七月十四鬼门开，
阎王坐在殿中台，
牛头马面两面排。

你听过“七月半，鬼乱窜”的说法吗？“七月半”指的就是农历七月十五，这一天是中元节，又称盂兰盆会、鬼节等。中元节是一个缅怀先人的传统节日，祭祀亡灵是它的主题，可以说，中元节是中国的亡灵节。

中元节从哪儿来

1. 秋祭

自古以来，祭祀上天和祖先都是人们关注的大事。对于老百姓而言，祭祀祖先的意义更加重大，因为祖先与自己血肉相连、情感相通。祭祀是孝道的传承。因此，在民众生活中祭祖活动频繁举行。除了每月初一、十五的日常祭祀外，人们在春、夏、秋、冬四个季节都要举行不同程度的祭祀。中元节就是在上古秋祭习俗的基础上发展而来的。

在四个季节的祭祀中，秋祭更为重要，因为秋天是收获的季节。在农作物丰收或即将丰收的时节，人们要向祖先献祭，将成熟的新谷物首先献给保佑自己的先人，这一方面是报答祖先的保护，另一方面是保证神享的优先权。这是因为在古人心目中，珍贵的物品或时令佳品要先奉献给神灵，否则会引起神灵的不快，为自己招来灾祸。这种秋天的献祭仪式在古代被称作“秋尝”“尝新”“荐新”等。

起初，祭祀的日期并不确定，后来逐渐固定在农历七月十五前后，因为七月十五是下半年第一个月圆之日。在秋气新来、天气转凉的时节进行祭祀活动，对古人来说是一个极佳的选择。

除了民间，皇家也格外重视祭祖活动。比如，南北朝时期，七月十五已经成为皇家祭祀祖庙的吉日。后代民间的秋祭活动大多集中在七月十四、十五（也有在七月初七的）。无论皇家还是平民，七月十五都是祭祀祖先亡灵的日子。

到了南朝梁时，古老的秋祭习俗因为佛教文化的融入面目一新。在佛教文化中，七月十五被称为盂兰盆会。

2. 盂兰盆会

南朝时，社会崇尚佛教，盂兰盆会便是从佛教的佛腊日（佛历以此为岁末，七月十六为岁首）演变而来的。

“盂兰”是梵文（古代印度的一种语言文字）的音译，意思是“倒悬”，“盆”是盛放供品的器皿，“盂兰”与“盆”结合起来，是使“饿鬼”解脱倒悬之苦的意思。佛教的盂兰盆会源于一则关于孝道的故事——目连救母。

目连是佛陀的弟子，号称“神通第一”。他的母亲死后在地狱遭受饥饿之苦。目连心痛不已，于是盛饭送给母亲，但饭一到母亲手里就变成了火炭。他没有办法，便向佛陀求助。佛陀说他母亲罪孽太重，需要借助十方高僧的神力才能得救。于是目连按照佛陀的指示，在七月十五那天准备了丰厚的祭礼，放在盆中供养十方高僧。十方高僧接受了供奉后，目连的母亲才脱离了饥饿之苦。后来佛陀提议在每年七月十五，子女都要供奉盂兰盆以报答父母的养育之恩。

目连救母这则故事提倡的是孝道。南朝梁武帝推崇孝道，甚至亲自讲授《孝经》（儒家经典之一），因此融合儒家孝道思想的孝亲节——盂兰盆会在南北朝出现了。

3. 地官“赦罪”

在道教中，中元节是一个关于“赦罪”的节日。道教将正月十五、七月十五、十月十五这三个月圆之日定为上元、中元、下元，分别对应天官、地官、水官，即上元天官赐福，中元地官赦罪，下元水官解厄。据说，这三官是天帝派驻人间的代表，分别在正月十五、七月十五、十月十五为天帝考察善恶，以定赏罚。地官负责管理地府，检查的重点自然是各路鬼众。据说七月十五那天鬼门大开，地官在检查完后会拿出花名册，根据神仙、凡人、动物的表现，赦免或者加刑。七月十五又是地官的诞辰，所以人们必须认真祭祀。后来中元节逐渐发展为一个独立的节日。

据说唐玄宗格外推崇道教，他不仅在各州设立道观，还下令每家每户必须收藏一本道教经书。到了唐后期，“中元”已成为固定节名。诗人李商隐曾在这一天写过一首诗，题目为《中元作》，其中两句明确提到了中元节：“绛节飘飖（即飘摇。飖，yáo）宫国来，中元朝拜上清回。”可见当时中元节的名称已经确定，并且已经成为一个独立的节日。宋朝也是一个道风炽盛的时代，其中不乏神鬼信仰，因此与“鬼灵”有关的中元祭祀仪式在民间影响更为广泛。

七月十五成为节日，源自上古的秋祭习俗，它在佛教中被称为盂兰盆会，在道教中被叫作中元节。正因如此，祀祖、礼佛、敬道成为唐宋之后中元节俗三大主要内容。在七月十五这天，老百姓会准备好新收获的粮食、新鲜水果、冥衣等物品祭拜祖先，连屠宰场都要停业一天；佛家各寺庙会在这天超度亡灵；道家会在各地设法坛、做法事，祈祷消灾降福。到了南朝，梁武帝萧衍（yǎn）提倡“三教同源说”，使七月十五渐渐成为一个民俗节日。当时这个节日的主要内容是供奉佛祖，到了宋朝才发生变化，发展为悼念亡者、祭祀祖先的节日。

中元节怎么过

每到中元节，人们会和家人同去祠堂焚香、点烛，按照辈分、年龄的顺序拜祖先。各地中元节的习俗不同，祭祖形式也各有不同。有的地方除了祭祀祖先，还祭祀天地神灵，烧香叩拜，以祈求丰收。

到了晚上，人们还要在河边放河灯，以缅怀先人。河灯也叫荷花灯、荷叶灯，一般用荷叶做成，有的人家还要在灯上写明亡人的名讳（旧时指尊长或所尊敬的人的名字。讳，huì）。

宋朝就有放河灯的习俗。西湖放灯还是当时杭州的盛景。清朝皇宫也会在中元节放灯，热闹非凡。小内监会在河中放几千盏琉璃荷花灯，河灯随波摇曳，和明月交相辉映。这一情景也给人们增添了许多欣喜。北方一些地区在中元节还流行送“羊面”“人面”。这是因为传说七月十五那天，天狗会下凡吃小孩儿。为了保护小孩儿，老百姓便蒸面人让小孩儿抱着，当作孩子的替身。有的地区会在那天“送羊”。因为刚出生的小羊会跪着吃奶，以此报答父母的恩情，所以外祖父母、舅舅会把用面粉蒸的“面羊”送给外甥，教导外甥不要忘记父母的恩情，要孝顺父母。

无论七月十五的节俗多么丰富，祭拜亡灵都是它不变的主题。不管是秋祭、盂兰盆会还是中元节，人们享受的都是节日的热闹以及从中得到的精神满足。

成长启示

中元节虽然是一个以祭祀亡灵为主题的节日，但是从供奉盂兰盆、放河灯等习俗中，我们不难感受到中元节祭祀具有的多种意义：既是一种追怀先人、孝顺父母的孝道传承，又提示我们在生活中要推己及人、乐善好施。因此，我们应该避免从神鬼这一狭隘的角度来理解中元节，感受其中蕴含的敬祖尽孝与互爱的思想。

要点思考

1.读完本节，如果让你向朋友介绍中元节，你会如何介绍？

2.了解了中元节后，想一想它与清明节有哪些相同点和不同点。

阅读链接

可以"捣蛋"的万圣节

世界上有很多与"鬼"有关的节日。例如，中国的清明节、中元节，国外的墨西哥鬼节、新加坡鬼节，等等。说到西方的鬼节，就不得不提万圣节。万圣节在每年的11月1日，是西方的传统节日。而10月31日晚则是这个节日最热闹的时刻，被称为万圣节前夜。"不给糖就捣蛋"是万圣节的重要活动之一，主要流行于英国、美国、加拿大等国家。为了庆祝万圣节的来临，小孩儿会装扮成各种鬼怪，提着南瓜灯挨家挨户按响门铃。主人家便会拿出糖果、巧克力或小礼物送给上门的小孩儿。小孩儿一晚要到的糖果非常多，经常整袋整袋地搬回家。

此外，还有一些和万圣节有关的游戏。其中最常见的就是"咬苹果"，在游戏中，人们让苹果漂浮在一个装满水的大盆子里，然后参加者想办法用牙齿咬起漂浮在水上的苹果，谁先咬到谁就获胜。万圣节的活动听上去是不是非常有趣？感兴趣的话不妨查阅资料，了解一下万圣节还有哪些好玩儿的游戏。

古人对月亮有着浓厚的兴趣，所以很早就有“嫦娥奔月”的传说。古代文人经常将月亮当作吟咏的对象，李白醉吟“举杯邀明月，对影成三人”，苏轼咏唱“但愿人长久，千里共婵娟”。也正因为月亮对中国人来说别具意义，所以在我们的传统节日中，有一个专门为月亮而设的节日，那就是中秋节。中秋节这一天，与家人祭月、赏月、吃月饼、话团圆，天上地下，一切都那么美好！

第三节　中秋节

中庭地白树栖鸦，
冷露无声湿桂花。
今夜月明人尽望，
不知秋思落谁家。

唐朝诗人王建的这首《十五夜望月寄杜郎中》写出了游子在中秋节的思乡之情。在中国人眼中，农历八月十五中秋节不仅是仅次于春节的中国传统节日，更是一个象征团圆的佳节。

这首诗意境悠远，情感含蓄，委婉地表达了诗人的思乡之情，令人回味无穷。在你读过的古诗词中，还有哪些和中秋节有关？

每逢中秋，秋高气爽、丹桂飘香、玉露生凉。宋朝文人林光朝写道：“一年月色最明夜，千里人心共赏时。”天上明月，人间情怀，人们抬头遥望夜空，思绪万千。中国人把许多想象寄托于这一轮中秋明月，创造了许多有趣的活动：祭月、拜月、赏月、玩月、走月、跳月，形成了中国人特有的月亮节、团圆节。

中秋节从哪儿来

成语“一日三秋”出自《诗经·王风·采葛》：“一日不见，如三秋兮。”意思是一天不见，就像过了三年，形容思念人的心情非常迫切。这里的“三秋”指的是三年，和正文中“三秋”的意思可不一样。

中秋节的标志是十五月圆。因为中秋节正值三秋（指秋季的三个月），所以称“中秋”。中秋节还有许多别称，因为中秋节在农历八月，属于秋季，所以又名八月节、秋节；因为祭月、拜月，又称月节、月亮节；中秋家人团聚，出嫁的女儿要回家团圆，因此又称团圆节、女儿节；八月各种瓜果成熟上市，因此又称果子节……从这些别称中我们不难看出，中秋节的名称实在不少。不过，在春节、清明节、端午节、中秋节这四大中国传统节日中，中秋节是形成最晚的。

中国传统节日体系大约在汉魏时期形成，但在那时你可找不到什么中秋节。中秋节到底是在什么时候出现的？读读诗词，你就会发现，以赏月为主题的中秋节出现在唐宋时期，而到了明清时期，中秋节已经成为民俗大节了。中秋节虽然出现较晚，但它所包含的节俗因素，大都有着古老的渊源。

说到中秋节，人们首先想到的就是月亮，因为中秋正是起源于古人对月亮的崇拜。此外，中秋节的由来和太阳也有很大的关系。

传说在远古时期，东方海外一棵名为扶桑的大树上住着十个太阳，它们轮流到天上执勤，照耀大地。有一天，这十个太阳突然一起出现在天上，晒得大地寸草不生，出现了严重的旱灾。有一个名叫羿的英雄，他力大无比，为了拯救百姓，帮助他们脱离苦海，他登上昆仑山，拉满神弓，一口气射下了九个太阳，只留了一个，并命令它每日按时升落，造福百姓。从此以后，羿成了人人敬仰的英雄，他的名字也传遍了天下。

一天，西王母送给羿一颗仙药，据说吃了这颗仙药不仅能长生不老，还可以飞升成仙。羿的妻子名叫嫦娥，美丽又善良。羿不愿与嫦娥分离，便把那颗仙药藏在一个宝匣里，交给嫦娥保管。

羿是射下九个太阳的大英雄，很多人来找他学艺，其中有一个人叫逢蒙。八月十五这天，逢蒙趁羿外出打猎，闯进羿的家里，手持宝剑，威逼嫦娥交出仙药。嫦娥知道自己敌不过逢蒙，又害怕心术不正的逢蒙吃下仙药后为祸人间，便一口吞下了仙药。

嫦娥吞下仙药后，身体变得轻飘飘的，随后，她腾空而起，飞向了月宫。羿回到家中得知这件事后，立刻追了出去，可是嫦娥早已不见了踪影，只能看到月亮上隐隐约约有嫦娥的影子。从此以后，嫦娥天天在清冷的月宫深情遥望地上的羿，羿日日在地上思念天上的嫦娥。

“嫦娥奔月”的传说历来有不同的版本，不妨把你最喜欢的版本给好朋友讲一讲。

为了纪念嫦娥，每年八月十五，人们都会在院子里摆上嫦娥爱吃的食物，为她送去祝福，希望她能和羿团圆。嫦娥奔月的故事慢慢成为历代文人吟咏的对象，比如，唐朝诗人李商隐的《嫦娥》一诗就写出了嫦娥在天上的孤独寂寞：

云母屏风烛影深，
长河渐落晓星沉。

嫦娥应悔偷灵药，
碧海青天夜夜心。

嫦娥仙子无法与羿相见，只能日夜与孤独为伴的惆怅给你带来了什么样的感受？请朗读一遍这首诗，说一说你读到了怎样的感情。

月亮在古时是“夜明之神”，它与太阳同辉，明朝人称之为“夜明”，认为它是夜间的太阳。在古代像月亮和太阳这样代表阴阳的天地大神，只有皇家才能与之沟通，一般百姓自然是无缘拜祭的。因此，祭月在上古是皇家特有的季节性祭祀仪式。秦汉时期，日月祭祀仍为皇家礼制，此后北魏、隋唐直至明清历代都有祭月的礼仪。

不仅如此，古代传承下来的有关月亮的神话，在这时也出现了新的情节：月宫中除了寂寞的嫦娥、蟾蜍、玉兔外，又添了一位“新成员”。传说有一个叫吴刚的人跟随仙人学习仙术，但他学习不专心，还犯了错得罪了天帝，于是被罚到月宫砍伐一棵永远也砍不倒的桂树。桂树高五百丈，吴刚每砍完一斧，桂树便会自动愈合。吴刚只好年复一年地砍下去。你发现了吗？神圣的月亮在这时已经成为仙界的流放地，月宫似乎成了天地之外的区域，这大概也是古人对高远、清凉的月亮和空阔宇宙的奇特想象。

除了“嫦娥奔月”和“吴刚伐桂”的故事，民间还流传着一则关于中秋节由来的传说。相传，战国时期齐国有一位名叫钟无盐的丑女，她的相貌十分丑陋，因此人们都叫她丑女无盐。钟无盐很喜欢月亮，经常对着月亮祭拜。她长大后，因为品德超群而被选入宫中，嫁给了齐宣王。但因相貌丑陋，钟无盐嫁入宫中多年也没有得到齐宣王的宠爱。

一年八月十五夜，钟无盐正在宫中拜月，齐宣王正好路过，看见月光下的钟无盐美貌动人、风姿绰约，便立她为王后。拜月的习俗也由此而来。住在月宫中的嫦娥仙子以美貌著称，所以女子拜月，是盼望自己能像嫦娥那样漂亮。

中秋之夜，唯愿天上的月神能听到人们虔诚、美好的心愿。

到了宋朝，中秋节成为国家规定的民俗节日。中秋之夜，京城所有人家，无论贫富，从能走路的孩童到十二三岁的少年都要穿上成人的服饰，登楼或者在庭园中“焚香拜月，各有所期”，男子期望早日考中科举，女子则祈求拥有美丽的容颜。

中秋之夜，主管治安的官员取消例行的宵禁，夜市通宵营业，男女老少，赏月游玩，通宵达旦。文人沿袭赏月古风，感物伤怀，以月亮的阴晴圆缺比喻人情世态。即使中秋之夜，明月的清光也掩饰不住宋人“此生此夜不长好，明月明年何处看”的感叹。

相较于敏感、多愁的士人，宋朝普通百姓的中秋就欢快了许多。据《东京梦华录》（笔记。南宋孟元老撰。十卷。记载了汴京城市面貌、岁时物产、风土习俗等）记载，北宋东京，在中秋节前，商店售卖新酒，百姓在过节时可以喝个痛快。中秋之夜，富贵人家装饰亭台楼阁，平民百姓则争占酒楼赏月。

南宋杭州中秋夜更是热闹，在皓月悬空之时，王公贵族无不登上高楼，临轩赏月，饮酒高歌。中小商户也登上小小月台，安排家宴，一家人团团圆圆，共贺佳节。市井平民虽然没有富人家强大的财力，可过节的愿望也十分强烈，纷纷买酒庆贺，不肯虚度中秋。

中秋节怎么过

别看宋朝民间中秋节过得热闹，但中秋节在当时只是一般性节日。明清时，中秋节已上升为民俗大节，其节俗的变化更加明显。文人赏月抒情的传统变淡，功利性的祭拜、祈求成了普通民众中秋节俗的主要内容。中秋节渐渐成为百姓生活中的重要节日，中秋节俗活动也更加丰富多样。人们在中秋节欢聚赏月、祭祀，庆贺丰收。你知道这些节俗有什么讲究吗？

文人赏月抒情的传统为什么变淡？功利性的祭拜、祈求为什么会成为中秋节俗的主要内容？说说你的想法。

1. 祭月、拜月，庆祝丰收

唐宋时期中秋节的主要活动是赏月、玩月。到了明清，人们同样赏月，但更重视祭月、拜月。祭月、拜月是明清中秋节全国通行的习俗，清朝有“八月十五月儿圆，西瓜月饼供神前”的俗谚。中秋是丰收的时节，人们利用中秋节俗表达庆祝丰收的喜悦。祭祀月亮的时令果品，既是对月神的献祭，也透露了人们对丰收的喜悦。

清朝有特制的祭月月饼，这种月饼比我们平时吃的普通月饼更圆、更大，直径有一尺多，上面绘有月宫、蟾兔的图案。特制月饼一般在祭月之后就由家人分食，也有的留到除夕再来享用，这种月饼俗称“团圆饼”。明清江南以素斋供月，有老南瓜、菱（líng）藕、月饼等，旁边放一碗凉水，妇女儿童拜完月亮后，一家之长用手指蘸（zhàn）水涂在眼皮上，祝愿眼目清亮。

值得注意的是，明清以后，祭月习俗发生了很大的变化。男性拜月的越来越少，月神逐渐成为女性崇拜的对象。北京就有“男不拜月，女不祭灶”的俗谚。但在明朝以前，不论男女都拜祭月神。

明清时期，北京的中秋节还新添了一个节令神偶——彩兔。明朝这种彩兔是用泥土抟（tuán）成的，像人一样穿着衣服蹲坐着，供人们祭拜。清朝用黄沙土做白玉兔，饰以五彩颜色，称为“兔儿爷”。兔儿爷的制作工艺精良，造型千姿百态，滑稽有趣，有的撑着伞盖，衣冠楚楚，扮作官员的样子；有的身穿甲胄（盔甲。胄，zhòu），手持大旗，扮成武士的样子；有的骑着老虎；有的静坐着。它们大的高三尺，小的不到一寸。兔儿爷既是神像，又是孩子喜爱的玩具，给普通百姓的生活增添了许多乐趣。后来，民间一些地方甚至将祭月称为“供兔儿爷”。你看，高悬的明月，到了近代百姓那里，虽然依旧被供奉，但已经世俗化为可触可摸，甚至可以把玩的物件了。

在少数民族中同样盛行祭月、拜月的风习。鄂伦春族人民祭月时会在露天的空地放上一盆清水，摆上祭品，然后跪在盆前，向月亮叩拜；土族人民用盆盛清水，将月亮的倒影收到清水盆中，然后不停地用小石子儿打盆中的月亮，这叫作“打月亮”。

不同地区、不同民族庆祝中秋节的方式各不相同，真可谓“十里不同风，百里不同俗”。

2. 吃月饼，庆团圆

中秋节当然要吃月饼，月饼在民间被称为“团圆饼”。中秋时节正是收获的季节，人们在此时互相馈赠礼物，月饼就成为人们相互交流的信物与吉祥的象征。

苏东坡曾在诗中赞道：“小饼如嚼月，中有酥与饴（yí，饴糖）。”可见月饼在宋朝可能就出现了，但当时过中秋节重在尝新，如尝石榴、枣、栗、葡萄等时新食物，饮新酒等，有秋尝的意味，还没有将月饼作为重要的节令食品。将月饼作为中秋节特色食品及祭月供品的风俗大概始于元末明初。

相传，中秋节吃月饼的习俗始于元末。具体说来，还和明太祖朱元璋有关。当时，中原人忍受不了元朝的统治，因此纷纷起义，朱元璋也准备联合各路反抗势力一同抗元。然而，由于朝廷官兵的搜查十分严格，消息很难传递出去。就在无计可施之时，军师刘伯温献上一计，他命令下属将写有“八月十五夜起义”的字条藏到饼里，然后派人分别给各地起义军送去。起义军吃饼时都注意到了这条消息，于是在八月十五这天晚上按约定一起行动。后来，起义成功。朱元璋高兴地传令将当时用来传递信息的饼作为节令糕点赏赐群臣。再后来，这种饼不断发展，其制作工艺越来越精良，逐渐演化成月饼。人们也越来越喜欢在中秋节吃月饼，于是这一习俗便渐渐流传了下来。

据说月饼曾叫“祝捷饼”，中秋吃月饼的习俗还与唐高祖李渊有关，这是怎么回事？请你查阅资料，自行了解一下。

明朝后期，北京街市上卖的月饼经常用水果做现代月饼具有明显的地域风格，分为京式月饼、广式月饼、苏式月饼等，它们在内馅儿、形制及加工方法上各有特色。你的家乡的月饼是什么样子的？和你的好朋友分享一下吧。

馅儿，形状各异、名字巧妙，有时一块月饼就值数百钱。清朝后期，北京出现了品牌月饼，前门致美斋的月饼为“京都第一”。

其实，月饼的食用方法很有讲究。旧时一般民间切月饼都要均匀地切成若干份儿，按人口数平分，每人食用其中一份儿，象征家庭成员是团圆的一部分。如果家中有人外出，还要特地留下一份儿，象征他也参加了家庭团聚之宴，这块月饼留待他回来后食用。小小的月饼，承载的却是中国人对合家团圆的美好期盼！

中秋是花好月圆的好时候，“海上生明月，天涯共此时”，人们由天上的月圆联想到人世的团圆，因此中秋在古代被视为特别的“团圆节”。团圆，是中秋节俗的中心意义，而在家族团聚中，中秋节尤其重视夫妻间的团圆。出嫁的女子中秋要赶到娘家与父母团聚，当天又必须返回夫家，与夫君团圆。俗语云：“宁留女一秋，不许过中秋。”

3. 祈婚嫁子嗣

中秋正值秋天收获之际，民间在对神灵酬谢的同时，也祈求着子嗣绵延。

女子对月祈祷与月下出游大都与婚嫁子嗣有关。中秋夜游玩月在宋朝已经流行，清朝以后俗称“走月亮”——中秋之夜，女子盛装出游，踏月访亲，深夜不归。她们“盛装出游”时都做些什么呢？据清朝地方志记载，中秋之夜江夏城中的滋阳桥特别热闹，桥上的石龙首成为出行女子争相抚摸的对象，为的是能得到神的恩赐，求得子嗣。近代南京，盼望子嗣的人先游夫子庙，然后过桥，说是可以如愿得子。近代湘潭一带，流行中秋游宝塔。当地传唱这样一首歌谣：

八月十五游宝塔，带起香烛敬菩萨。
老人家，青头发，后生子，有财发。
堂客们生个胖娃娃，满妹子对个好人家。

百姓虔诚、朴素的心愿借助朗朗上口的歌谣表露了出来。

“摸秋”也称“偷瓜送子”，是南方地区普遍流行的中秋祈子习俗。人们在中秋之夜，到田间“偷”瓜，然后吹吹打打、热热闹闹地将描画成婴儿模样的冬瓜或南瓜送给婚后数年不育的夫妇，以求子孙昌盛。

湘西、黔东侗族流行中秋“偷月亮菜”。传说这天晚上天宫仙女下凡，将甘露洒遍人间，若能在月光下“偷”到这种洒有甘露的瓜果蔬菜，就能获得幸福。“偷”的地点选在哪里比较好呢？青年男女各有各的选择，但一般都去意中人的园中。“偷”时嬉笑打闹，引出自己的意中人，共享“偷”得的幸福果实。

4. 账目清结日

在古代，中秋节是一年中重要的账目清结日，也是老板与雇员续约或终止契约的时日。债务人愁眉苦脸地想方设法熬过这个节日，店家伙计也担心在晚间盛宴之后被告知明天不要再来。对于这些人来说，中秋节不那么令人兴奋，有没有月亮也不重要，过节也就是过关，所以“节关”之说，十分妥帖。

天上圆月，人间月饼。中国人追求圆满，盼望团圆。古代有不少商贾、官员、文人因职责或生计所迫，远离故土。中秋之夜的圆月不免唤起他们对团圆的向往、对亲人的思念。今天，更多人离开自己熟悉的家乡，奔赴异地求学、工作、生活，他们对故乡的依恋之情亦寄托于这一轮中秋明月。正如李白诗所言：“举头望明月，低头思故乡。”中秋节经历了文人赏月的雅趣、民间拜月的乐趣，以及有心吃月饼却无心看月的俗趣，其节俗从古至今发生了重大的变化，而始终不变的是中国人“人月两团圆”的生活理想。

阅读链接

中秋诗词的经典之作
——《水调歌头·明月几时有》

在古代，文人雅客经常作诗文吟咏中秋佳节，月亮更是他们笔下常见的意象。比如，唐朝文人司空图的“闲吟秋景外，万事觉悠悠。此夜若无月，一年虚过秋”。明朝徐有贞的“阴晴圆缺都休说，且喜人间好时节。好时节，愿得年年，常见中秋月”。宋朝大文豪苏轼也创作过不少中秋诗词，最著名的莫过于这首被誉为千古绝唱的名作《水调歌头·明月几时有》：

丙辰中秋，欢饮达旦，大醉，作此篇，兼怀子由。

明月几时有？把酒问青天。不知天上宫阙，今夕是何年。我欲乘风归去，又恐琼楼玉宇，高处不胜寒。起舞弄清影，何似在人间。

转朱阁，低绮户，照无眠。不应有恨，何事长向别时圆？人有悲欢离合，月有阴晴圆缺，此事古难全。但愿人长久，千里共婵娟。

在中秋月圆之夜，苏轼望着天上一轮明月，无比思念弟弟子由。这首词运用浪漫的想象，使读者感受到生命与自然的交融，表达了苏轼对人间悲欢离合的无限感慨。历代文人对这首词都推崇不已，甚至有人认为："中秋词，自东坡水调歌头一出，余词尽废。"

“独在异乡为异客，每逢佳节倍思亲。遥知兄弟登高处，遍插茱萸少一人。”王维这首脍炙人口的佳作，写出了游子对家人无尽的思念，而诗中所说的“佳节”，正是重阳节。在重阳节这天，人们要饮菊花酒、佩戴茱萸、吃重阳糕，祈求福寿绵长，对这些习俗你了解多少呢？

第四节　重阳节

九月里来九月九，
登高爬山饮菊酒。
戴上茱萸（zhūyú）避邪恶，
吃了花糕能长寿。

农历九月初九是被称为“老人节”的重阳节，也是秋天最后一个传统节日。每逢重阳节，人们便要登高祈福、秋游赏菊、佩戴茱萸、拜神祭祖及饮宴求寿，传承至今，重阳节又增添了感恩敬老的内涵。

重阳节从哪儿来

春天有春节，秋季有中秋节，可见中国的传统节日与自然时令有很大的关系。九月节俗的原型之一便是古代的祭祀“大火”仪式，但这个“大火”指的可不是普通的火，而是一颗星星。

古人认为天上有二十八星宿，其中心宿由三颗星组成，中间一颗就是“大火”星。它在九月隐退，这让将“大火”星奉若神明的古人产生了莫名的恐惧。因为一旦“大火”星隐退，就意味着火神开始休眠，寒冷的冬天就要来了。不仅如此，古人也无法借用“大火”星判断生产劳动的时间了。正是如此，人们才会举行祭火仪式。

随着人类的生存能力增强，九月祭火的仪式也逐渐衰亡，然而人们对九月自然物候的变化仍然有着特殊的感受。重阳节一般处在寒露与霜降之间，那时天气明显转凉，寒风乍起，草木枯黄，人们明显感受到了九月的秋寒。如今，在江苏常熟白茆（máo）等地，农民仍然将重阳节视作寒气新到的节点，称之为“重阳信”，即立秋后的第一个寒信。南京人有俗谚：“吃了重阳糕，夏衣就打包。”所以，重阳节在民众生活中自然而然成为夏冬交接的分界线。

这样看来，重阳节好像是一个比较轻松的节日。但实际上，人们最初却将九九重阳之日当作令人生畏的灾日。这是不是很奇怪？

原来，重阳时节，天气初寒，人们感受到了季节的冷暖变化，不仅难以适应，还容易感染疾病。除此之外，从中国传统的阴阳观点来看，“大火”星的隐退意味着阳数达到极盛之后的衰退。因此，为了避开这个不吉利的日子，人们就采用了一种超乎寻常的行为——登高郊游，以脱离有可能发生灾祸的日常时空。

南朝梁人吴均在《续齐谐记》（志怪小说集）中记述，汉朝有个名叫桓景的人，跟随一位名叫费长房的方士（古代称从事求仙、炼丹等活动的人）游学。有一天，费长房对桓景说：“九月初九那一天，汝南地区会有灾难降临，你要赶紧通知家人缝制布囊，在布囊里装上茱萸，再将布囊系在手臂上，登山饮菊花酒。只有这样，才能消除灾祸。”桓景听了费长房的话，便照着他说的做了。等傍晚下山回家后，他看到家里的鸡犬牛羊全都死了。费长房得知后解释道：“这是家禽家畜代人受灾了。”从此以后，一到九月初九，人们就有了登高、佩戴茱萸、饮菊花酒的习俗，以此逃避灾祸。

就这样，登高成为重阳节的中心内容，而这一习俗，一开始可能起源于平原地区。因为在原始居民的观念中，高山是神奇的地方。登临高处，意味着接近了天神，更容易获得福佑。在古人看来，人从室内移动到室外，能化解危机。于是，这种登高习俗逐渐流传开来。

重阳节怎么过

每到重阳节这一天，人们会在登高的同时饮菊花酒、佩戴茱萸、吃重阳糕，希望能躲避灾害、祈求福佑。

1. 登高野宴

重阳登高的习俗起源于汉朝，兴盛于魏晋南北朝时期。魏晋南北朝是一个动乱的时代，人们满怀对生命和未来的忧虑。因此，登高避祸、饮酒祈福的九月初九成为人们共度的民俗大节。不仅如此，“九”与“久”同音，人们也在九九重阳这一天祈求幸福、长寿。

关于重阳节登高这一习俗的起源，民间流传着一个发生在骊山的故事。很久很久以前，骊山脚下住着一户人家。一天，主人从地里劳作回来，遇到一位算卦先生，这位算卦先生因为天黑没有去处，想在这户人家借住一晚。主人收留了他，但由于家里没有好的住处，只有一个草棚房，于是主人在灶房地上铺了草，让妻儿睡在草铺上，自己和算卦先生在炕上睡，就这样凑合了一宿。

天亮之后，算卦先生辞别，主人让妻子给算卦先生做了一顿好饭，又给他装了一袋白馍馍。临走时，算卦先生叮嘱他：“到了九月九，全家高处走。”主人心想，我没有做高官的想法，为什么要往高处走呢？他百思不得其解。转眼九月初九到了，主人想起了算卦先生临行时的叮嘱，就带着妻儿，背着花糕、美酒，往骊山去了。一家人上山后发现半山腰突然冒出一股大水，冲向了他家，一下就把家里的草棚房冲垮了。不一会儿，整个山沟都浸泡在了大水中。这个人这才明白算卦先生让他九月初九登高的用意。

这件事不久便传开了。后来，人们每到九月初九，也都带着妻儿老小一同登高远眺，这便逐渐成了重阳节的习俗之一。在重阳节登高野宴，菊花酒、茱萸佩、重阳糕是不可缺少的过节佳品。

2. 菊花酒

无论什么时代，良辰美景似乎都离不开美酒的相伴。重阳节还是传统的赏酒节，唐朝诗人王勃的《九日》就为我们展现了古人在重阳节饮酒的习俗：

九日重阳节，
开门有菊花。
不知来送酒，
若个是陶家。

菊花在秋季开放，象征着旺盛的生命力。在萧瑟的秋风中，百草凋零，唯有菊花凌霜开放。不畏严寒的菊花，在古人眼中有着不寻常的文化意义。唐朝诗人元稹（zhěn）的《菊花》一诗就用朴素、淡雅的语言写出了他对菊花的喜爱：

秋丛绕舍似陶家，
遍绕篱边日渐斜。

不是花中偏爱菊，
此花开尽更无花。

晋朝隐士陶渊明特别喜爱菊花。他隐居后，没有收入来源，生活非常清贫，哪里还喝得上酒呢？有一年九月初九，他坐在住所旁的菊花丛中，过了一会儿，便摘了满手的菊花。意外的是，江州刺史王弘送来了重阳酒，陶渊明不一会儿就喝得醉醺醺了，而他所喝的酒大概就是用去年的菊花酿成的菊花酒。

菊花酒是用菊花和黍（shǔ）米酿成的，而在重阳所酿的菊花酒在古代被视为延年益寿的长命酒。魏晋时期，人们在重阳这天饮菊花酒就是为了获得“新寿”。到了宋代，人们将茱萸称作“辟邪翁”，将菊花称为“延寿客”，认为用茱萸、菊花泡出来的酒可以消灾驱邪。当然了，菊花酒能延年益寿只是古人的美好愿望，不过，它的确有清热解毒、明目祛风等药用价值。正是因为菊花的特别，赏菊与饮菊花酒逐渐成为重阳的主要节俗。直到南宋时，重九时节的民俗活动依然是“饮新酒，泛萸簪菊”。

重阳节酿酒、赏酒的习俗在民间持续传承，近代的山东滕州、临沂、日照等地仍会在重阳节酿造菊花酒，在百姓间还流传着这样一首歌谣：

九月九，
九重阳，
菊花做酒满缸香。

3. 茱萸佩

茱萸是重阳节特有的辟邪物品，佩戴茱萸是重阳节俗的主要标志，因此重阳节也被称为“茱萸节”，登高会也被称为“茱萸会”。

那么茱萸都有哪些特点呢？

茱萸是椒科植物，秋季成熟，可佩戴，可食用，也可药用。古人认为，茱萸到九月初九完全成熟后，如果将其插在头上，就可以辟恶气，抵御初寒。侵害身体的晚秋寒气常被视为鬼魅恶气，而茱萸能够祛风逐邪、祛除寒气，因此茱萸成为民间驱病疗疾的巫术用品。人们认为将茱萸悬挂于室内，就能使“鬼畏不入”。

每到重阳节，年轻人可以佩戴茱萸囊，或将茱萸插在头上，以驱邪、保健。唐朝诗人王维的《九月九日忆山东兄弟》就记述了重阳节佩戴茱萸的情景。

独在异乡为异客，
每逢佳节倍思亲。
遥知兄弟登高处，
遍插茱萸少一人。

节日是日常生活的一抹亮彩，往往凝聚着别样的人间情感。在节日这一独特的时间节点出现时，它独特的节俗容易唤起人们对往昔生活的回忆。少年王维漂泊异乡，重阳节掀起了他思念手足的情感波澜。

宋元以后，随着人们生活状态的改善，佩戴茱萸的习俗逐渐变得少见。人们不仅关注当下的生活，而且对未来生活寄予了更多的期盼，祈求健康长寿，所以“延寿客”的地位最终盖过了“辟邪翁”。

4. 重阳糕

古时，人们总是在节日时祭祀神灵，而新收获的食物自然是最好的祭品。因此，用新收获的粮食做的糕类是重阳秋祭的上好祭品。

“糕”这一叫法在六朝末期才出现，但糕类食品在汉朝就已存在，只不过当时被叫作饵。饵的原料是米粉，米粉有稻米粉与黍米粉两种，黍米有黏性，将这两种粉混合在一起蒸，就做成了饵。九月初九便要食饵。六朝时，重阳节俗渐渐形成，糕类自然成为节令食品。而糕与“高”谐音，是生长、向上、进步、高升的象征。在唐朝，人们在重阳节这天食糕，并将其称为“麻葛糕”。到了宋朝，人们已习惯将其称为“重阳糕”。到了明清时期，因为糕面有多种装饰，故而重阳糕又多被称为“花糕”。渐渐地，重阳花糕便成为都市、乡村的应节食品。

在宋朝，九月初九天刚蒙蒙亮，父母会一边将重阳糕切成薄片贴在孩子的额角，一边喊着“愿儿百事俱高”，重复三遍。其实，不仅“糕”象征着美好，就连重阳糕上的各种饰物，也都有各自的美好寓意。如果在糕上置小鹿，就将重阳糕称为“食禄糕”。糕上的枣、栗、狮子之类的饰品，也都是中国传统文化中祈子的象征物，体现了人们在秋收时节祈求子嗣的愿望。

有趣的是，重阳节还有接出嫁的女儿回家吃重阳糕的节俗。民间有俗谚：“九月九，搬回闺女息息手。”所以重阳节和端午节一样，被称为“女儿节”。女儿回娘家食糕，表面上的意义是团聚、热闹，其实还隐含着向家族乞求生育力量的愿望，体现了生命的意义。

5. 祈寿与敬老

魏晋南北朝时期，社会动荡，人们恐惧生命的短促，渴望长寿。这种渴望在曹操的《短歌行》中可见一斑：

对酒当歌，人生几何！
譬（pì）如朝露，去日苦多。

慨当以慷，忧思难忘。
何以解忧？唯有杜康。
……
山不厌高，海不厌深。
周公吐哺，天下归心。

因此，登高服食（服用丹药。道家养生术的一种），求取长寿，是这一时期重阳节俗的主要内容。隋人杜公瞻在《荆楚岁时记》注文中就记叙了当时的北方在重阳节祈求长寿的情景：

今北人亦重此节，佩茱萸，食饵，饮菊花酒，云令人长寿……

重阳节现在多被视为“老人节”“祝寿节”。壮族会在老人满六十岁生日那天添置一只寿粮缸，此后每到九月初九，晚辈都要给寿缸添粮，直到添满为止。这缸粮米被称为“寿米”，平时不能食用，只有老人生病时才能煮给老人吃，说此米能帮助恢复健康，延年益寿。缸里的米不能吃完，否则老人不能长寿，所以晚辈要在九月初九这天给老人添满“寿米”。出嫁的女儿也在这天拎着新米回来“补粮缸”。这真是一则敬老的良风美俗！

随着时间的流逝、社会的发展，人们从六朝以后就开始将重阳节的主题转化为求生命的长久。唐宋之后，重阳节逐渐成为单纯喜庆的欢会。因此重阳是温情的，也是快乐的。

七夕两情相悦，中元礼拜亡灵，中秋人月双圆，重阳祈寿敬老。在自然的秋天，人们以节日的形式，畅快地表达着对家人、祖先、自然的真挚感情与感恩。这份情感是我们中国人生存的精神食粮，也是严冬到来前的准备仪式。

阅读链接

流传千古的《滕王阁序》

你是否听过“落霞与孤鹜齐飞，秋水共长天一色”这两句扬名古今的词句？这两句出自初唐四杰之一王勃的《滕王阁序》。根据《旧唐书·王勃传》记载，《滕王阁序》是王勃在重阳节这天创作的。

《滕王阁序》全称《秋日登洪府滕王阁饯别序》，又被称为《滕王阁诗序》，是骈文〔文体名。起源于汉、魏，形成于南北朝。全篇以双句（即俪句、偶句）为主，讲究对仗、声律和藻饰。其以四字六字相间定句者，又称四六文〕名篇。滕王阁在洪州（今江西省南昌市），是当时的名胜。该文相传为王勃少年时得“神力”相助而作。后来经考证，证实这篇名作是王勃前往交趾（今越南北部）探父，途经洪州时创作的。文章由洪州的地势、人才写到宴会，再从宴会娱游写到人生遇合，抒发身世之感，表达了作者的抱负和怀才不遇的感慨。

这篇骈文具有极高的艺术价值。全篇采用对偶句，不但字面相对，而且音韵也大体相对，语言优美、自然，富有节奏感。文章还运用了大量的典故来叙事抒情，有的是历史故事，有的是前人文句，运用的手法也有所不同，既有明用，也有暗用，大大增强了文章的表达效果。感兴趣的话可以查阅资料，深入了解《滕王阁序》这一唐朝骈文的代表作品。

第四章　冬之礼敬

农历十月，冬寒乍起。十月初一寒衣节就是一个提醒人们添置御寒衣物的节日。在这天，人们不仅要祭祖，为先人送去“寒衣”，还要为家人准备好过冬的衣物，希望他们顺利度过寒冷的冬天。无论天人两隔，还是相隔千里，都无法阻挡这份为所爱之人送去温暖的心意。

第一节　寒衣节

十月里来十月一，
家家户户送寒衣。
祭奠先人御寒气，
敬老孝老世代传。

农历十月在历史上是一个重要的月份，它不仅是收获祭礼与举办丰年宴会的时月，同时也是冬寒乍起的时节。因此在古人眼中，农历十月是一个既喜又忧的月份。人们在十月节俗中一面聚餐会饮，欢庆丰年；一面祭祀祖灵，祈请先人的护佑，为度过寒冬做准备。寒衣节就明显地承袭了人们这种特有的时间感受。

寒衣节处在初冬时节，那时天气逐渐变冷，所以在祭祀时，除了一般供品，还要给祖先送去“御寒衣服”，这也是寒衣节名称的由来。

不过，寒衣节并不是一开始就叫这个名字的。最初，农历十月初一这天被称为“十月朝”；在秦朝，人们还将这天称为“秦岁首”，是秦人的新年。而“寒衣节”这个名字，更多的是因为孟姜女寻夫送寒衣的故事。这个故事我们在后边会讲到。

寒衣节从哪儿来

1. 十月朝

农历十月初一被称为“十月朝”“十月朔”。在农历十月，人们刚结束收获，准备举行收获祭，用新收获的食物供奉祖先神明。而十月第一天，也有着极为特别的意义。因为在这一天，太阳和月亮会在东方天际相会，前后几天便是立冬，意味着北半球正式进入冬天，天寒地冻的日子马上要来了。就这样，“十月朝”“十月朔”打上了收获祭和立冬节气的烙印，慢慢演变成了一个节日。

不过说起立冬，你可不要小瞧了它，在古代它可是十月的大节。因为古代社会十分重视自然节气的转换，而无论是春夏秋冬，还是冬春夏秋，立冬作为节气标志，是四季循环的终点也是起点，自然备受关注。

不仅如此，古代科技不发达，人们只能通过观测天象和物候的变化，去判断立冬的时间，加上只有少数人懂天文知识，因此对于掌握权力的皇室而言，立冬迎气还是一个彰显天子权威的盛大典礼。

那时候，还有专门用作皇家国事活动的时间政令——《月令》。它对立冬典礼做了整体的记述。立冬前三天，负责观测、记录天象的官员要特地向天子禀报，之后天子要斋戒三日。到了立冬这天，天子亲自率领三公九卿、王公大臣到皇城外的郊区，迎接冬气。

迎回冬气后，天子要对为国捐躯的烈士及其家属进行表彰与抚恤，以顺应肃杀的时气。在冬季到来时，表彰死者、抚恤生者，不仅是顺应时气的需要，更是祈求死者保佑生灵，鼓励民众抵御外敌侵略的需要。

除了迎接冬气，古代还有四时之祭，就是向祖灵献祭四季的时令佳品，让先祖及时尝新、尝鲜，履行为人子孙的义务与责任。其中，冬烝（zhēng）之祭就在立冬时节举行。汉朝董仲舒对冬烝之“烝”解释道：“蒸者，以十月初进稻也。”

这种习俗，如今在一些少数民族中依旧能找到痕迹。彝（yí）族在每年农历十月会庆祝新米节，这个节日就体现了早期四时之祭的特点。人们将十月收获的谷物装进仓库，标志着农业生产周期的结束以及年节的到来。在年节祭礼中，人们用大量的祭品供奉神明，祈求上天保佑来岁的丰年。

2. 秦岁首

“岁首”，顾名思义，指的是新年的第一天，“秦岁首”指的就是秦历新年第一天，这天和寒衣节有什么关系呢？

秦始皇统一六国后，采用了新的历法——秦历，秦历将十月作为一年之首。因此，十月初一不仅被当作冬季的首日，还在相当长的一段时间里被当作一年之首，也就是秦历新年。

“秦岁首”这个说法，最早出现在《荆楚岁时记》中。这本书第一次介绍了南朝时期荆楚之人的年度时间生活，将十月初一称为“秦岁首”。

古人将新年的第一天称为“正朝”或者“正朔”，“朝”“朔”与月份相连，一般用来特指岁首。汉魏以后，民间一直有“十月朝”与“十月朔”的节俗名称，这也是十月初一为岁首的“遗迹”。说来奇怪，我们现在都是在正月过新年，为什么秦人选择将十月作为新年的第一个月呢？这要从戎羌（róngqiāng）部族说起。秦崛起于西北地区，属于戎羌民族。以十月为岁首是古代戎羌部族的旧俗。秦人沿袭了这一部族传统，在统一全国后，依然以十月为岁首。

后来秦朝虽然灭亡，但岁首习俗并没有消亡，即便汉代不再采用秦历，民间仍以秦岁首为节日。

细想一下，这大概是因为普通民众更看重习俗文化的传承以及为生活带来的便利，并不计较它具体的日期。即便到了现代社会，依旧有少数民族沿袭这一传统。

哈尼族至今仍保持着戎羌旧俗。哈尼族的新年从冬季开始，十月年是哈尼族人最大的节日。在这一天，家家户户都要制作糯米粑（bā），酿“闷锅酒”；每个哈尼村寨都要举行一次全寨性的街头酒宴。人们一桌桌地自由围坐，喝酒聊天。席间老人谈古论今，趁着酒兴唱起哈尼族的古老歌谣，年轻人纷纷向长辈敬酒。当老人接过酒杯一饮而尽时，满街的人都会齐声喝彩，一阵阵欢呼声在山寨中回荡，气氛欢乐而热烈。

这种热闹的景象跟我们现在过年是多么相似！其实，《说文解字》（简称《说文》，文字学书籍，东汉许慎著，是中国第一部系统分析字形和考究字源的字书，也是世界上古老的字书之一）一书有对“年”的解释：“年，谷熟也。”这也恰好说明古人认为农事结束了一年也就过完了，因此农历十月自然而然就成了岁首。

汉武帝之后，民间以正月为岁始，春节成为全国通行的大年，因此有关新年的习俗也多集中到春节，十月节俗明显弱化。虽然在有些地方民间还留存着十月初一“民岁腊”的说法，但这已成为一种古老的追忆。

寒衣节怎么过

“十月朔，秦岁首，送寒衣。”十月节虽然后来地位下降，但它还是保留了“十月朝”“十月朔”的名号，以另一种姿态重新进入节日体系，于是，寒衣节诞生了。

寒衣节体现了古人御冬寒的时令习俗。虽然岁首的日子可以人为改变，但生活在自然中的人怎么能与自然脱离关系呢？更何况是在谋生手段较为落后的传统社会里。

伴随着冬季到来的是塞北南下的冷空气。古人在九月要准备好寒衣，十月要用泥封好窗户，以躲避冬天的严寒。天子在十月也换上了冬装。有趣的是，在古代添衣御寒比现代社会更有仪式感，它甚至还是朝廷的节令礼仪。天子通过添加冬衣的仪式，昭告百姓冬天已经来临。在宋朝，帝王为了顺应天时，在十月朔这天的早朝会举行“授衣”之礼，百姓也会在十月初一穿上冬衣。不光北方地区如此，江南地区也同样如此。人们为了御寒，穿上冬衣，同时生起炉火。古人还将开炉的第一天称作“暖炉会”——家人好友围坐在一起，喝酒、畅谈。

只是，那些富裕的家庭才能享受到这种冬日的温暖，平常百姓感受更深的则是冬日的严寒。对于那些远离家乡的游子与边塞士兵而言，一件由家人寄来的御寒衣便是他们冬日最大的安慰。因此，冬日来临时，给远方的亲人寄去寒衣，成为中国古代社会特有的现象。在战争频发、徭役（古时统治者强制百姓承担的无偿劳动）繁重的年代，寒衣的寄送更是牵动着千万人的心弦。

古代交通不便、战事频繁，而那些边塞士兵，大多战死沙场，一去不复返。在生死茫茫之际，寒衣既是送给生者，也是送给死者。因此“送寒衣”在那些充满生离死别的动乱时代，成为普通人的情感寄托。

寒冬来临，人们在给自己添加衣物时，也会想到亡故的亲人，认为他们在另一个世界也需要御寒的冬衣。这种对亡灵的孝义，是生者对祖先深深的情感依恋。在寒冷的冬季，人们希望先人赐福、保佑，希望在给祖先送去过冬的“寒衣”时，也能从祖先那里汲取御寒的精神力量。

那寒衣又是由什么制成的，以及又是怎样送给祖先的呢？

最初，寒衣应该就是指普通人穿的衣服。到了唐朝，造纸业得到发展，送给祖先的寒衣变成特制的纸衣。渐渐地，寒衣节在宋元时期成为与清明、中元并列的悼亡节。

在清朝北京的寒衣节俗有所简化。人们会用纸钱代替“寒衣”，装入包袱中焚化，送给祖先。这种变化不仅带有商品经济发展的烙印，更多的还是与人们御寒能力的增强、寒冷对人的身心影响减弱有关。寒衣节的节俗特色也变得模糊。

值得注意的是，在农历十月初一，人们除了要为亡人送“寒衣”过冬，还会举行一些过冬的象征性传统活动。比如，妇女要在这一天将提前做好的棉衣拿出来，让家人换上。如果此时天气仍然暖和，不适宜穿棉衣，也要督促家人试穿一下，图个吉利。男人会在这一天整理火炉、烟筒，为过冬做准备；整理完毕后，还要试着生一下火，以保证天寒时可以顺利取暖，让日子温暖如昔。

经历了春日的新生、夏日的繁盛、秋日的灿烂，冬日在凝重中藏着对新春的期待悄悄走来。四季轮转，生生不息的人们在时间的长河中，将自己的生活印刻在每一个独特的日子里。这些日子就像一面镜子，让我们看见自己，了解过去。

成长启示

在中国传统节日中，除了寒衣节，清明节、中元节也都有焚烧祭祀的习俗。对生者而言，这种习俗是一种寄托哀思、表达孝心的方式。但我们应该意识到，焚烧祭祀会造成多种危害：污染空气、影响市容市貌、容易引发火灾、浪费纸张，等等。因此，在尊重祭祀习俗的同时，我们应该尽自己所能向身边的人宣传绿色祭祀、零碳祭祀，如鲜花祭扫、植树、开追思会等，向大家传递文明祭祀的重要性，让传统祭祀习俗更好地在现代社会中传承。

要点思考

历朝历代都有许多关于寒衣节的诗词，如杜甫《秋兴八首·其一》中的“寒衣处处催刀尺，白帝城高急暮砧”，白居易《赠康叟》中的“八十秦翁老不归，南宾太守乞寒衣”等，请你查找资料，收集和寒衣节有关的诗词，并说一说诗词表达的思想感情。

阅读链接

孟姜女送寒衣

孟姜女是中国民间故事中的人物，相传为秦朝人。据说她与丈夫范喜良新婚不久，丈夫就被官兵抓去修长城了。转眼间冬天到了，大雪纷飞，天冷异常。孟姜女担心在边塞的丈夫没有御寒的衣服，便亲手缝制棉衣准备给丈夫送去。棉衣做好后她就踏上了漫长的寻夫之路。正如现在民间小曲唱的那样：

十月里来十月一，
家家户户缝寒衣。
人家丈夫把寒衣换，
孟姜女万里寻夫送寒衣。

孟姜女跋山涉水，历经千辛万苦，终于来到长城脚下。可是，她竟得知丈夫早已因为过度劳累死去，就连尸骨也被埋在了城墙里。孟姜女得知这个噩耗，顿时失声痛哭，只哭得天昏地暗、日月无光，甚至连长城都一段段倒塌了。她怎么也没想到，自己费尽千辛万苦送来了寒衣，最后却连丈夫的尸骨都见不到。孟姜女的故事流传至今，抒发了劳动人民向往和平，追求家庭生活幸福的心声。

为关心的人送完寒衣，我们就迎来了一年中白天时间最短的一天——冬至。冬至降临，预示着冬天的真正到来。那时池塘、河流就要结冰了；人们说话时嘴里会冒热气，耳朵也冻得通红，双手必须缩在袖子里才不会冻着。据说在这天，吃一碗热腾腾的饺子可以防止耳朵被冻坏。那么，冬至到底是在哪一天，都有哪些节俗呢？

第二节　冬至

邯郸驿里逢冬至，
抱膝灯前影伴身。
想得家中夜深坐，
还应说着远行人。

这首《邯郸冬至夜思家》写出了冬至夜晚白居易在邯郸驿舍的所思所感，表现了他的孤独和对家乡的思念。现在由于生存条件的改善以及全球气候的变暖，人们已很少有对隆冬的深刻体验，寒冬也难以对人们的生存构成致命威胁，冬至自然也就难以引起常人的注意。所以在今天一般人看来，冬至似乎只有标记时令的意义。

由于以上种种原因，冬至常常被现代人忽略。很多人甚至不知道冬至是一个传统节日。但是在中国传统社会里，冬至却是一个重要的时间坐标。人们不仅把它视为时气变化的重要标志，将冬至所在的月份奉为“天正”，而且长期把冬至视为一个与新年媲（pì）美的重要节日，号称“亚岁”“小岁”。

冬至是什么

冬至为节气之首，相传它是二十四节气中最早被确定的一个，时间在公历12月21、22或23日。冬至在上古就是新年，民间至今还流传着“冬至大如年”的俗语，可见冬至在古代是一个非常重要的节日，它在人们生活中的地位与影响甚至超越了新年。

据说，在魏晋南北朝时期，有个叫王志的人，为官清廉，以德治政。在他担任东阳太守期间，东阳郡的监狱里有十多个罪大恶极的重犯，他们请求王志在冬至这天放他们回家和亲人团圆过节。王志竟然答应了。他和犯人们约好，愿意冒着杀头的风险放他们回去，希望他们也能遵守约定，过完节后自己准时回来。

冬至过后，犯人们都回到了监狱，只有一人没有按规定时间返回。狱官向王志报告这件事，大家都为王志担忧。王志却依然相信那个犯人，他对众人说：“这件事应当是我这个太守的责任，你们不必担忧。”第二天早上，那个迟归的犯人果然回来了，原来是因为他的妻子生孩子，这才耽误了一天。于是，官吏和百姓都更加钦佩王志了。

这个故事虽然是在赞颂太守王志的仁义和品德，但从中我们不难看出冬至在古代的重要地位。

古人这么看重冬至，是有科学依据的。冬至又称长至，是一年中白昼最短、夜晚最长的一天。自冬至起，白昼一天比一天长，这就是湖北民间谚语所说的“冬至日头升，一天长一针”。古人从自己的生活经验出发，根据光照与季节冷暖的变化，生发出阴与阳的观念，并以此理解宇宙万物的变化。他们认为四季气候的变换来源于阴阳的此消彼长。白天是阳，夜晚是阴，冬至阳气开始回升，代表下一个循环开始，是一个非常吉利的日子。所以，在把冬至作为岁首的时代，冬至可是一个盛大的年节。

冬至怎么过

冬至怎么过？许多人的答案是进补、吃饺子、炖羊肉。除了美味的食物，你还能想到什么呢？如今，冬至的节俗变得越来越简单化，许多人甚至都不再过冬至。在以前，冬至的节俗还是比较丰富的，其中还有不少年俗的内容。

1. 拜天颁历

在古代，冬至是个祭拜上天的大日子。谁能担起这样的重任？皇帝责无旁贷。在古代，帝王号称上天之子，他们作为上天在人间的代表，依照天神的意志管理人间，因此与天神的沟通是他们的重大政务之一。冬至时节的祭天活动就是一个特定的天人沟通仪式，所以历代帝王都将冬至视为盛大的朝仪活动日，冬至节仪也被称为“国之大典”，他们会在冬至这天到南郊祭天，朝会群臣与各国使节，共贺佳节。

冬至还是古代编订和颁布历法的重要时间。冬至时节，北斗星柄在黄昏时指向正北方。古代以北极星作为时空坐标，所以冬至是推算一年时间的重要天文日。因此，不仅历法的编订一定要考虑到冬至，而且历法的颁布也大多在冬至日。元朝时，太史院会在每年冬至这一天进奏新历，此后市面上才会有新历流行。这种习俗传播到东亚，当时朝鲜在冬至日不仅有颁发历书给百官的习俗，而且有下级小吏给长官献历书的习俗。后来，这种馈送历书的习俗扩展到民间，颇似近代人们在年终时互送挂历的风气。

2. 祭祖贺冬，礼敬尊长

皇帝祭天，百姓祭祖。古人相信，在寒风凛冽的冬天，冬至日祭祀祖先的礼仪活动，可以提高人的归属感，让亲族间的关系更密切、团结，有助于人们顺利度过辞旧迎新的时节。这种年终祭祖的习俗历代传承。东汉民间，人们在冬至节前数日就清洁斋戒，冬至之日，还会以黍米与羊羔祭祀玄冥之神（北方水神）与祖宗；明清以后，民间依然把冬至作为祭祖日，“清明扫墓，冬至祭祖”成为通行的民间俗语。清朝北京旗人（清朝对编入旗籍的人的称呼）会在冬至祭“祖宗杆子”，祭祀过后，亲朋围坐在一起分吃祭过祖宗的“白肉”。而南方的福建在冬至这天，会用一种米粉制作的团子来祭祀祖先，有的还会在门口挂两个米团，传说这源自一个孝子的故事：

“从前有一个人在山中迷了路，遇到一只既像人又像猿猴的野兽，叫作禽母。禽母通人性，她把这个人带回山洞，学人一样跟他成亲，还为他生了一个儿子。一天，这个人趁禽母外出时，带着儿子逃回了家。这个儿子后来做了大官，向父亲询问自己母亲的事，想要报答母亲的生养之恩。得知真相后，这个儿子犹豫了很久，最后还是想让母亲回来和自己一起生活。他让家人到山里，在通往他家路上的大树上都挂上米粉团子，当然，家门口挂得更多。冬至这天，又老又饿的禽母追随着米粉团子来到家门口，这时他赶忙出来迎接、叩拜。禽母意识到这就是自己日思夜想的儿子，竟然放声大笑后当场死去。为了纪念自己的母亲，他此后在每年冬至这天都会做米粉团子来祭拜母亲。后来，当地人都效仿他的做法，冬至挂米粉团子也渐渐演化成了祭祀祖先的习俗。”

冬至祭祖活动常常与新年连在一起。由于冬至节在古代及现今一些民族和地区是作为年节来过的，所以民间的“贺冬”实质上就是“贺年”。

冬至前夕，亲友之间会相互馈送节令食品，宋朝诗人颜度在诗作《冬至》中写道：

至节家家讲物仪，
迎来送去费心机。
脚钱尽处浑闲事，
原物多时却再归。

人们为冬至节的应酬费了很多心思，但这些节日礼物往往转来转去，最后又转回自家门下。虽然礼物转回不免令人尴尬，但在馈送、传递礼物的过程中，亲友之间的关系更加密切了，感情也更加深厚了。

除了送礼，冬至日亲戚之间还要互相拜贺，特别要拜贺尊长，这被称为“贺冬”或“拜冬”。唐朝诗人杜牧在《冬至日寄小侄阿宜》中记述了他在冬至日接受小侄子拜贺的情景：“去岁冬至日，拜我立我旁。祝尔愿尔贵，仍且寿命长。”

冬至还讲究在清晨拜冬。人们在冬至节前，互相馈送节日礼物，在冬至日的清晨拜贺长辈和亲朋。在小孩儿又长一岁的同时，尤其要为老人祈寿。冬至日，妇女会给家里的长辈献上新做的鞋袜，古代称之为“履长至”。在白昼渐长的时节，年轻后辈要及时给老人奉上新鞋新袜，帮助老人过寒冬，祝福他们在新年伊始，以新的步履与时俱进、健康长寿。我们今天在春节拜年时还要换上一套新衣服，以新的打扮迎接新年。虽然我们已经不太注意这背后的文化意义，但仍传承了冬至日送新鞋、新袜的习俗，喻示着新年新气象。

3. 冬至节令食品

“冬至馄饨夏至面”，冬至的节令食品最典型的就是馄饨。馄饨在今天是一种十分常见的食物，我们常常把它当作早餐。不过，现在四季都可以吃到的馄饨，在过去却是专属冬至的食品。古人认为馄饨长得像鸡蛋，颇似远古天地未分、阴阳未判的时候，世界一团混沌的样子。在阳气开始萌生的冬至日，人们吃馄饨，喻示着开天辟地、破除混沌状态、帮助阳气生长。除此之外，民间还有另一个说法。因为“馄饨”谐音“混沌”，是糊涂不开窍的意思，于是便说吃掉馄饨，就可以变聪明。看来不管是哪一种说法，吃馄饨都是一个好兆头！

在以米食为主的南方，冬至日要吃米面制成的圆形食品，称为团子或汤圆。人们在冬至日凌晨用团子或汤圆祭祀祖先神明，然后全家团聚在一起，吃祭祀用过的团子和汤圆，这叫作添岁，和现在北方在春节吃饺子一样。

南朝时期，荆楚地区流行在冬至吃赤豆粥。相传，有一位名叫共工氏的神，他有一个儿子不成材，作恶多端，死于冬至这一天。这个儿子死后变成“疫鬼”，继续残害百姓。但是这个“疫鬼”最怕赤豆。于是人们认为在冬至这一天，如果吃了赤豆煮的粥，就可以一整年避免染上瘟疫。同样是冬季的节日，后人在腊八节吃腊八粥的习俗，会不会就是由冬至吃赤豆粥演化而来的呢？

除了馄饨、赤豆粥，人们还会在冬至这天吃羊肉。中医认为羊肉具有滋补的功效。俗话说：“冬天进补，开春打虎。”因为冬至过后，天气进入最冷的时期，所以民间有在冬至进补的习俗。

4. 数九九

虽然立冬才是进入冬季的时气点，但人们从身体对寒冷的感受出发，将冬至作为冬天到来的真正标志。我们常常用“数九寒冬”来形容冬天的寒冷。中国人正是在冬至这天数着九九歌，进入一年中最冷的时节的。

不过，冬至虽然是一年中接受阳光最少的一天，但它还不是最冷的日子，冬至之后才进入酷寒时节。所以，民间数九习俗即从冬至开始，俗谚说：“算不算，数不数，过了冬至就进九。”“进九”就意味着严寒的到来。古代御寒保暖条件简陋，冬天对古人来说可是一个严重的威胁，所以人们是掰着指头度日的。为了挨过漫长的冬季，人们很早就发明了“数九九”的游戏，希望尽早从寒冬看到春日到来的希望。

数九九的游戏包括背《九九歌诀》与画《九九消寒图》两种。从宋元开始，《九九歌诀》就流传南北各地。在漫长的传承中，这种《九九歌诀》虽然因为历史与地域的变迁多有变化，但它记述冬春交接的时间方式没有改变，这从一首流传至今的《数九歌》中可以得到证明：

一九二九不出手，
三九四九冰上走。
五九六九，沿河看柳，
七九河开，八九雁来，
九九加一九，耕牛遍地走。

这首流传至今的《数九歌》，描述的不正是百姓在冬日里的感受及期盼的户外生活吗？

比起《数九歌》，闺阁女子和文人雅士更喜欢以画《九九消寒图》的方式来数九。染梅与填字是描画消寒图的两种流行方式。染梅，是在一幅画有八十一片花瓣的素梅图上涂染。从冬至日起，每天用红墨涂染一瓣，九九八十一瓣涂满后，人间已然又是绿草如茵的春日。民间还有与染梅类似的另一种涂圈方式，即将八十一圈按九行排列，每行九个圈，从冬至日起，每天涂一圈，圈的涂抹位置视天气状况而定，阴天涂上半部，晴天涂下半部，刮风涂左半部，下雨涂右半部，下雪就涂在中间，用当时人的话说，就是“上阴下晴，左风右雨，雪当中。”这种消寒图称得上是天气变化的统计图。

“填字”是对九个九笔画的字进行涂描，这九个笔画中空的字，大多组成一个独立的文句，一般是诗句。人们从冬至日起，每天依笔顺描画一笔，九天描成一个字，九九八十一天描画完九个字，文句就写成了。清朝宫廷内曾有帝王御制的《九九消寒图》，这种消寒图就是填字图，其九字为“亭前垂柳珍重待春风”，其语典雅，寓意深远。

无论是《九九歌诀》，还是《九九消寒图》，都是一种计算冬时的游戏。人们念叨着《九九歌诀》，涂染着傲寒的梅花与象征春意的垂柳，期盼着春天的降临。

阅读链接

什么是“捏冻耳朵”

什么是“捏冻耳朵”？捏冻耳朵是在冬至这一天吃饺子的俗称。不过，这个说法背后还藏有一段感人至深的故事。

医圣张仲景是东汉南阳人，相传他告老还乡那天正好赶上一个大雪纷飞的天气，南阳的父老乡亲在这样恶劣的天气里衣不蔽体，不少人的耳朵都被冻烂了。张仲景看见这番情景，心里异常难过，便叫他的弟子搭棚熬一种叫作驱寒娇耳汤的药给冻坏耳朵的乡亲们服用。张仲景果然医术高明，喝了“驱寒娇耳汤”的乡亲们，冻坏的耳朵都被治好了。

这种药是怎么做的呢？首先，把羊肉、辣椒和一些驱寒的药材一起煮熟，然后再剁碎，接着用面皮包成耳朵的样子，最后下到锅里煮。煮熟之后就可以带着汤一起食用了。以后每到冬至，人们就模仿这种做法，吃这种食物。后来，人们称这种食物为饺子，也有人称之为扁食或烫面饺儿，说只要冬至吃了它，耳朵就不会被冻坏。

“腊七腊八，冻掉下巴。”腊月初八是一年里最冷的时候。虽然外面的世界天寒地冻，但人们过腊八节的热情丝毫没有因为寒冷而减少。在这天，家家户户都会熬香甜软糯的腊八粥，然后热乎乎地喝个精光。除了要喝腊八粥，你还了解腊八节的哪些习俗呢？读完本节内容，你就知道了。

第三节　腊八节

腊八到，过年喽！
爷爷好喝老白烧，
奶奶爱吃胡花椒。
妈妈要扯花布料，
娃娃要响大麻炮，
乐得爸爸哈哈笑。

农历十二月，又称腊月，是一年的结尾，也是一年中最冷的时候。俗语“腊七腊八，冻掉下巴”就生动地表达了腊月的寒冷。在商朝，人们每年用打来的猎物举行春、夏、秋、冬四次大型祭祀，以祭拜祖先和天地神灵。在这四次祭祀中，冬祀的规模最大，也最隆重，后来人们将冬祀称为“腊祭”。腊月初八就是我们熟悉的腊八节。

“小孩儿小孩儿你别馋，过了腊八就是年。”没错儿，吃过腊八粥，就闻着年味儿了！那么，腊八节是怎么来的？为什么在腊八节要喝腊八粥？

腊八节从哪儿来

有关腊八节的由来，流传最广的是一个关于佛祖释迦牟尼的故事。传说佛祖释迦牟尼为了拯救世间的苦难，放弃了安逸的生活，到处苦行修炼。他终日思考，在乡间行走，靠人们的施舍维持生活，过着饥一顿、饱一顿的日子。

有一天，由于疲劳过度，他晕倒了。一位牧羊女看见他，便把随身携带的杂米和泉水煮成粥，给他食用。释迦牟尼吃完这碗粥，顿时精神焕发。他谢过牧羊女，继续苦心钻研，打坐修行，终于大彻大悟，得道成佛，那天正是腊月初八。后来，佛门弟子为了纪念佛祖成道以及牧羊女舍粥救佛祖之恩，就在每年的腊月初八在寺庙里熬煮腊八粥，供奉佛祖，然后将粥施舍给穷人，让他们充饥御寒，以示大慈大悲之意。因此，腊八粥又叫作佛粥。

不过，关于腊八节的起源还有另一种说法。

周朝时，有个被人们称为腊日的节日，在每年的十月。因为当时通用的是周历，十月是一年的岁尾，所以腊日既是祭祀百神、感恩丰收的日子，又是辞旧迎新的日子。孔子的弟子子贡曾目睹腊祭的盛况，说当时“一国之人皆若狂”。

到了汉朝，改用夏历，十二月成了一年的最后一个月。从此以后，腊祭和丰收祭在时间上就分离了。人们在接近立春的腊日一如既往地祭神、祭祖，只不过把注意力主要集中在一种用来驱疫、迎新春的活动上，这种活动被称为傩（nuó）仪。

到了魏晋南北朝，民间开始流行在腊月初八这一天洗澡，为的是洗去身上的罪恶。从此以后，腊月初八正式成为中国民间的传统节日。

腊八乐趣多

1. 吃腊八粥、腊八蒜

每到腊八节，腊八粥便是人们一定要吃的食物。腊八粥，又称七宝粥、五味粥等，是一种由多种食材熬制而成的粥。在腊八节食用腊八粥的习俗由来已久。

传说有一位姓张的富翁老年得子，万分溺爱。谁知老两口刚过世，这个儿子便挥金如土，迅速败光了家产，很快就成了一个穷光蛋。腊月初八那天，北风呼啸，他饥寒交迫，无奈之下不得不把家里各处屯粮的地方扫了一遍，将扫出的各色粮豆煮了一锅粥，但粥还没有熬好，他就饿死了。从那以后，人们便会在腊月初八这天弄些杂粮、杂豆熬粥吃，以此告诫后代不可奢侈浪费，不然连粥也喝不上。

到了宋朝，腊八节喝腊八粥的习俗开始广为流传。据《东京梦华录》记载，北宋开封府每到腊月初八，各个寺庙就会举办浴佛会，并给信徒们送粥喝。家家户户也都会用各色果子、杂粮煮粥吃，这种粥就是腊八粥。

直到元朝，人们仍将腊八说成是佛教的节日，但元朝的官员和百姓也会在腊八吃红色的腊八粥，当时又叫“朱砂粥”。

到了明朝，一个和明太祖朱元璋有关的传说广为人知。相传，朱元璋当皇帝前十分穷困，只能将乞讨来的各种米和豆子煮在一起做成杂拌粥来吃。后来朱元璋当了皇帝，人们便认为是杂拌粥给他带来了好运，于是纷纷效仿，希望这种粥也能给自己带来好运。腊八节也真正成为不分宗教、身份的节日了。

在清朝，对重视佛教的满族皇室来说，腊八节是一个值得重视的节日，因此他们过腊八节都是遵照国礼的标准。当时，每年的腊八节都要由内务府（官署名。清朝总管宫廷事务的专门机构）的人专门办理。雍和宫是皇家寺庙，门前有两口大锅，据说每口锅可以熬二三十石（dàn，容量单位，一石等于一百升）米。雍正皇帝曾经派人在雍和宫用大锅煮腊八粥，每年十二月初五开煮，初八进粥内廷，分给各位王公大臣品尝。

从腊月初一开始，煮腊八粥的材料和工具，包括粮食、配料、柴火等就要开始准备。清朝皇室会在腊八粥里放一些奶油、肉丁还有干果，而这些东西在腊月初五的晚上要全部备好。可能大家觉得煮腊八粥用不了多少东西，但根据史料记载，雍和宫煮的腊八粥一锅要用十二石小米，一百斤杂粮、干果和五千斤干柴。

腊月初六，皇帝会派遣大臣和内务府总管一起去查验煮腊八粥的材料。初七的晚上，负责的大臣便会命令生火，开始煮粥。这一天是非常辛苦的，因为要一直监督到腊月初八的凌晨，并且粥要全部煮好。到了天亮时分，这些粥便要出锅了。

每年，清朝皇室和雍和宫的和尚要在雍和宫煮六锅腊八粥：第一锅用来祭拜；第二锅用来给皇帝和皇后及皇宫里其他人食用；第三锅赐给王公大臣；第四锅则会装进容器，快马加鞭送到全国各地的封疆大吏那里，彰显皇帝的恩德；第五锅是给雍和宫里帮忙的和尚；而最后一锅腊八粥就是百姓在雍和宫外所等待的，因为这锅腊八粥专门分给他们食用。因此清朝的腊八节非常热闹。

清朝北京的普通人家也会熬煮腊八粥，主要用黄米、白米、江米、小米、菱角米、栗子、红豇（jiāng）豆、去皮的枣泥等，加水煮熟，再用染红的桃仁、杏仁、瓜子、花生、榛子、松子，以及白糖、红糖、葡萄干等增色提味。每家的腊八粥食材不尽相同，但往往都有民俗寓意。比如，桂圆象征富贵团圆，百合象征百事和睦，红枣、花生比喻早生贵子，莲子心象征恩爱连心，核桃表

示和和美美，橘脯、栗子象征大吉大利，人们以此期盼未来生活的美好。

除了腊八粥，腊八节具有代表性的另一种食物是腊八蒜。腊八蒜主要流行于北方地区，制作时要将大蒜一瓣瓣掰开，剥去表皮，然后浸泡在食醋内，喜欢甜味的还会往里面加一些白糖。一两周过后，蒜瓣变成翠绿色，味道酸中带辣，是吃饺子时不可或缺的佐菜。冬天吃饺子，如果没有腊八蒜，人们总觉得少了一些滋味。

2. 观赏冰嬉

在清朝，每到腊八节，皇亲贵胄一定会去观看一项兼具娱乐性与竞技性的活动——冰嬉。冰嬉，也称冰戏，本来是生活在寒冷地区的满族人喜闻乐见的冬季体育活动，在清朝被规定为军训练习项目之一，统称“跑冰”。不过时间一长，冰嬉的军事训练色彩逐渐淡化，游艺性慢慢凸显出来。

按照清朝的制度，皇帝校阅冰嬉的地点在西苑太液池，以烘托喜悦的年关氛围。受阅的士兵在八旗、前锋统领、护军统领等处拣选而出，动辄数百人。受邀观赏冰嬉的，除了后妃、王公大臣，还有蒙古、朝鲜等外藩使臣和部落首领，场面之宏大可见一斑。

冰嬉的项目主要有三种：抢等、抢毬和转龙射毬。“抢等”这个项目，类似现代的速度滑冰，在相同的距离内，参赛人员同时出发，以到达终点的先后顺序区分名次。“抢毬”有点儿冰上篮球的味道，参与的士兵分为红黄两队，穿着带有铁齿的冰鞋在冰面共抢一毬。

相比之下，“转龙射毬”项目更像是花样滑冰，是一种将滑冰和射箭合二为一的冰上项目。士兵以旗为单位，前后近两百人的队伍按照一定的路线盘旋曲折滑行于冰上，宛如游龙。皇帝御座的附近还会安置专门的“旗门”，旗门上下各设一毬，当持弓箭的士兵靠近旗门时依次发箭，射中者有赏，北京故宫博物院里收藏的《冰嬉图》描绘的便是“转龙射毬”的场面。

腊八节被视作农历春节的“前奏”。过了这一天，人们便要开始备年货、扫房屋、蒸馍馍……迎接春节的气氛便越来越浓厚了。

成长启示

张姓富翁的儿子在父母过世后，由于生活奢靡、不懂节俭，很快就变得一无所有。到了冬天，他饥寒交迫，即便在屯粮的地方扫出了一些粮食，但是还没等粥熬好就饿死了。这个人的遭遇让我们想起了李商隐的一句诗：“成由勤俭破由奢。”虽然现在的生活水平有了很大的提高，但是我们不能像富翁的儿子那样奢侈浪费。我们不仅要明白“一粥一饭，当思来处不易；半丝半缕，恒念物力维艰”的道理，还应该从自身做起，从身边的小事做起，不浪费一滴水、一度电、一张纸，把勤俭节约的好习惯带到生活中的每一个细微之处。

要点思考

1.腊八节那天，你会喝腊八粥吗？说一说你家的腊八粥都有哪些食材，以及这些食材具有什么寓意。

2.在人们心中，一碗热腾腾的腊八粥往往寄托着丰富的感情。找一找老舍的《北京的春节》、梁实秋的《粥》、沈从文的《腊八粥》这三篇文章，看一看他们是怎样描写腊八粥的，想一想对腊八粥的描写寄托了他们怎样的情感。

阅读链接

岳飞与腊八粥

关于腊八粥的由来，有一个和南宋抗金名将岳飞有关的传说。据说当时岳飞坚持带兵抗金，遭到了奸臣秦桧（huì）的诬陷。于是朝廷连下十二道金牌，命令岳飞火速回朝。眼看战争就要胜利了，岳飞心里一万个不愿意退兵，但是不回去就是犯了死罪。没办法，岳飞只好撤兵返回。在回去的路上，士兵缺少粮食，又累又饿，很多人倒下了就再也没有爬起来。沿途的百姓不忍心看到这些精忠报国的战士遭受这样的苦难，纷纷为他们送去粥饭。士兵把这些粥饭混合在一起，吃完之后感动得连连道谢。那一天正好是腊月初八。后来岳飞被害，百姓为了纪念他，每年都在腊月初八煮粥。腊八节喝腊八粥的习俗便慢慢形成了。

喝完腊八粥，就迎来祭灶节了。在祭灶节，人们要“贿赂”灶神，把灶神恭恭敬敬地送上天，让这位神仙在玉皇大帝面前多为自己美言几句。那么，灶神究竟是谁呢？他和老百姓之间又发生了哪些有趣的故事？读完本节内容，你就知道了。

第四节　祭灶节

祭完灶，新年到。
大人小孩儿哈哈笑。
闺女要戴花，
小子要买炮。
老婆婆要添花衣裳，
老头儿要买新毡帽。

农历腊月二十三，是传统的祭灶节，也称灶王节、祀灶节。在中国，不同地区的祭灶节日期也有所不同，农历腊月二十三、二十四或二十五都有可能是祭灶节。在古代，有“官三民四船五”的传统，也就是说官家的祭灶节是腊月二十三，百姓家的是腊月二十四，而水上人家则是腊月二十五。无论是哪天过祭灶节，人们辞旧迎新的愿望都是一致的，因为祭灶节是春节到来的标志。

祭灶节这一天，无论男女老少，都要吃很多种类的糖：南糖、冬瓜糖，还有用麦芽和小米熬制而成的关东糖，等等。大家吃完糖嘴里甜滋滋，心里美滋滋，一切烦恼都被抛在了脑后。实际上，祭灶节吃糖不是为了自己嘴里甜、心里美，而是为了“贿赂”一位神仙——灶神，人们亲切地称他为“灶王爷”。

祭灶节从哪儿来

灶王爷，本姓张，
摇摇摆摆下了乡。
白天吃的油盐饭，
晚上喝的烂面汤。
岁末上天言好事，
年初下界降吉祥。

在人们心里，灶神是神仙当中和老百姓关系最密切的，因为他住在每家每户的厨房里，一年四季都陪在人们身边。灶神是玉皇大帝派到人间保佑家家户户的神灵，凡有不顺心的事，都可以向他倾诉。他也是玉皇大帝的“耳目”，如果谁做了坏事被他知道了，他会一五一十地向玉皇大帝禀告。

每个月的最后一天，灶神都会向玉皇大帝进行“月度汇报”。那些在本月犯了大罪的人会被减寿三百天，犯了小罪的减寿三天。每年的农历腊月二十三，是灶神返回天庭向玉皇大帝作“年终总结”的一天，他会把人间的是非善恶，一年中家里的大事小事，条分缕析地汇报给玉皇大帝。

清宣统年间，民间流传着一本名为《灶王府君真经》的书，从中我们可以清楚地看到灶神的“工作内容”和敬重灶神能得到的好处：

灶王爷，司东厨，一家之主。
一家人，凡做事，看得分明。
谁行善，谁作恶，件件同记。
每月里，三十日，上奏天庭。
……
读书人，敬灶王，名登金榜。
种田人，敬灶王，五谷丰登。
手艺人，敬灶王，诸般顺利。
生意人，敬灶王，生意兴隆。
在家人，敬灶王，身体康泰。
出外人，敬灶王，到处身安。
老年人，敬灶王，眼明脚快。
少年人，敬灶王，积下阴功。
……
灶王爷，你若是，诚心祷告，
无论你，什么事，都敢应承。
只要你，存好心，多行方便，
能与你，一件件，转奏天庭。
……

既然农历腊月二十三是灶神向玉皇大帝汇报一年工作的日子，老百姓自然希望灶神能在玉皇大帝面前多美言几句，至少不要把自己做的坏事泄露出去。于是，这天家家户户都要在灶神画像面前进行祭拜，祭灶节由此而来。

在宋朝，百姓祭灶很简便。他们在灶上贴上灶马，再用酒涂抹灶门，目的是让灶神醉醺醺地上天，稀里糊涂地交差了事。但是，总让灶神一副醉醺醺的模样，似乎也不太合适，于是人们又想了另一种方法：用麦芽糖祭灶。人们希望这种黏度极高的糖不仅能粘住灶神的嘴，还能甜了灶神的心，这样灶神就会答应人们的请求——“好事传上天，坏事丢一边”。

然而，也有一些“不吃请”的灶神，怎么办？人们也有办法！据说灶神平时要记录人间过错，屋尘蛛网就是他的记事本，为了毁掉灶神的备忘录，人们就在祭灶节这天打扫房屋，这样就扫去了灶神的记事本，人们也可以干干净净地迎接新年了。

祭灶节的故事

自古以来，祭灶都是个又讲究又烦琐的事儿。祭灶节的祭品，不同时期、不同地区也不尽相同，但荤类不外乎鸡、犬、羊、猪等，素类有麦芽糖、糯米团和各种瓜果枣豆等。汉唐时期，人们开始用猪头祭灶，这一习俗一直沿袭至宋朝，即使贫寒之家也不能免俗。

相传北宋宰相吕蒙正年轻时穷困潦倒。有一年祭灶节，他没钱买猪肉，只能向屠户赊（shē，赊欠）肉数两。当时肉店老板不在，老板娘可怜他，便赊给了他。屠夫回来知道这件事后，十分生气。他气冲冲地找吕蒙正要肉，可惜晚了一步，肉已经在锅里。让人惊讶的是，屠夫竟然捞起肉就走。吕蒙正叹息不止，只能用诗代替肉作为祭灶的祭品，烧给灶神。他的《祭灶诗》是这样写的：

一碗清汤诗一篇，
灶君今日上青天。
玉皇若问人间事，
乱世文章不值钱。

吕蒙正的意思是，我没有钱来祭拜，只能写首诗送给您。灶君您上天后，玉皇大帝若问起人间发生的事，您就说现在的文章不值钱！

其实，灶神并不是一开始就这么受百姓爱戴。在民间祭灶兴起前，祭灶活动是在朝堂之上进行的。汉朝时，天子祭灶的仪式被确定了下来。汉武帝是汉朝第一个以天子身份祭灶的人。

相传，汉武帝喜欢寻求长生不老之道。当时宫里有一位名叫李少君的道士，自称能让人长生不老。汉武帝很信任他，给了他大量的钱财让他炼仙丹。李少君告诉汉武帝，他之所以对长生之道颇有研究，是因为他一直祭拜灶神。汉武帝听了之后，便和他一起祭拜灶神。没过多久，汉武帝的第二任皇后卫子夫就生下了一个皇子，而此前汉武帝可是没有子嗣的。此后，祭灶活动便世世代代延续了下去。

民间还有一则广为流传的祭灶故事。汉宣帝时，有一个叫阴子方的人，他十分孝顺、仁义。一天早上，他在灶头料理家务时，突然在袅袅炊烟中看见了灶神现身。他大吃一惊，急忙把锅里的黄犬当作黄羊作为供品献给灶神。此后，阴子方的家境越来越好，很快便成了当地的富翁，后代也都很有出息。人们猜测阴子方的发家致富可能与祭拜灶神有关，便学阴子方，用黄羊祭灶，盼望有朝一日能好运临门。这就是“黄羊祭灶”的来历，至此，黄羊便成为人们祭灶的主要祭品。

灶神究竟是男是女

阴子方见到的灶神究竟是男是女，长什么样子？很少有人会思考这个问题。因为当我们称灶神为“灶王爷”时，就默认了他的男性身份。在中国北方，人们普遍认为灶神是位俊朗的美男子，因此多由男性祭拜，还有“男不拜月，女不祭灶”之说。

但从古代文献记录来看，灶神形象有男有女。自古以来，生火做饭的事儿似乎都是女人掌管得多一些，所以由炊事而起的信仰应该有女性形象的存在。先秦时期的“先炊之神”，就是一位女性神。所以在灶神的形象上很早就有了老妇之说，人们将灶神与先炊之神联系起来，用盆、瓶等炊器装上食物，进行“老妇之祭”。

东汉还出现了灶神夫妇，男的叫苏吉利，女的叫王抟颊。灶神的女性形象在民间信仰中一直若隐若现，《庄子》一书中说“灶有髻(jì)”，晋人司马彪采录民间传说解释髻：“髻，灶神，着赤衣，状如美女。”意思是灶神穿着红色衣服，像是一位美女。

到了唐朝，这个传说仍然流传，还添了很多新说法。有一种说法认为灶神叫张单，字子郭；他的夫人字卿忌，二人共有六个女儿。还有种说法认为灶神确实姓张，他与天上的玉皇大帝同姓，所以是亲戚，因此当上了灶神。

祭灶节是每年年底去旧迎新的一个节日。而在旧的已去、新的还未到的那段时间，也就是灶神等一些神灵上天换岗的日子，被称作“乱岁”。在乱岁期间，人间没有神的管辖，人们办事可以自由选择时日，尤其是婚嫁大事。有些地区将在这段时间操办婚事的称为“趁乱岁”。岁末年终，人们有了闲暇与积蓄，对于平时难得有精力操办大事的人来说，是一个难得的好时机。

农历腊月二十三祭灶节一过，人们真的要开始迎接春节了，家家户户也开始忙活起来，为过年做准备：

二十三，祭灶倌。
二十四，扫房子。
二十五，磨豆腐。
二十六，蒸馒头。
二十七，杀只鸡。
二十八，杀只鸭。

二十九，灌壶酒。

三十儿，赶个露水集儿。

初一，撅个屁股乱作揖。

阅读链接

北宋名相吕蒙正

上文提到的吕蒙正是北宋初年宰相，字圣功，中过进士，曾在宋太宗、宋真宗时三次为相，因敢于直言进谏而为人称道。有一次，宋太宗夸赞京城在自己的治理下繁华昌盛，百姓安居乐业，对此十分得意。其他大臣听皇帝这么说，都在一旁附和。吕蒙正却向皇帝指出京城虽然繁华，但城外还有很多人因饥寒而死，希望皇帝不要只看眼前，而忽视远方百姓的苦难。

吕蒙正知人善任（了解人的长处，并善于根据其长处予以任用），愿意奖励、提拔后辈。在富弼（bì）年幼时，吕蒙正就指出他将来的功勋事业会超过自己。他还向宋真宗推荐才华卓著的吕夷简，后来富弼、吕夷简都成为一代名相。

积累与运用

本书名言记忆

从人们饱含情意的新年祝福中，我们不由得为这个古老民族不息的生命意识所感动。

——第一章　春之期待

在中国走向世界的今天，我们拿什么奉献给世界？只有保持我们民族的文化特色，才能为世界文化增添色彩。

——第一章　春之期待

正月十五元宵节是一年中难得的“狂欢”节，人们在这一天可以打破日常秩序的约束，尽情享受感官的愉悦，祈求婚姻美满、子嗣绵延、身体康健与年岁丰收。

——第一章　春之期待

清明让我们暂停脚步，回归自然，回到祖先安息的地方，重温先人的智慧，聆听传统的声音。祖先墓地不仅是生命之根，也是情感之结，无论我们走到哪里，都牵挂着那一方乡里庐墓。

——第一章　春之期待

中秋节经历了文人赏月的雅趣、民间拜月的乐趣，以及有心吃月饼却无心看月的俗趣，其节俗从古至今发生了重大的变化，而始终不变的是中国人“人月两团圆”的生活理想。

——第三章　秋之情思

四季轮转，生生不息的人们在时间的长河中，将自己的生活印刻在每一个独特的日子里。这些日子就像一面镜子，让我们看见自己，了解过去。

——第四章　冬之礼敬

相关名言链接

王者以民为天，而民以食为天。

——班固

离愁渐远渐无穷，迢迢不断如春水。

——欧阳修

天阶夜色凉如水，卧看牵牛织女星。

——杜牧

历览前贤国与家，成由勤俭破由奢。

——李商隐

君子虽在他乡，不忘父母之国。

——冯梦龙

不自我满足是一个人或一个民族进步的第一步。

——王尔德

人是文化的创造者，也是文化的宗旨。

——高尔基

有如语言之于批评家，望远镜之于天文学家，文化就是指一切给精神以力量的东西。

——爱默生

无论如何，一个人应永远保持有礼貌和穿着整齐。

——海登斯坦

希望就是生活，生活也就是希望。

——谚语

作者名片

萧放，1960年生，湖北省黄冈市英山县人，民俗学博士，北京师范大学中国社会管理研究院/社会学院人类学与民俗学系主任、教授、博士生导师，研究方向为历史民俗学、民间文化史、岁时节日与礼仪民俗等。萧放老师先后主持承担和参与了国家社科基金重点项目《人生礼仪传统的当代重建与传承研究》、教育部文科基地重大项目《辽金元民俗文献史与数字化管理系统》等十三项省部级以上科研课题，参与《民俗学概论》《中国文化概论》等教材的编写。

传统文化档案馆

◎二十四节气

一年中地球绕太阳运行到二十四个规定位置上的日期。各节气分别冠以反映自然气候特点的名称。二十四节气反映一年四季的变迁，以及雨、露、霜、雪等气候变化和物候特征，是农事活动的主要依据。汉武帝太初元年（公元前104年）实施的《太初历》首次将二十四节气编入历法。二十四节气的公历日期基本固定，一般只差一天。二十四节气具体有立春、雨水、惊蛰、春分、清明、谷雨、立夏、小满、芒种、夏至、小暑、大暑、立秋、处暑、白露、秋分、寒露、霜降、立冬、小雪、大雪、冬至、小寒、大寒。

◎五谷

指五种谷物。具体指哪几种谷物，古代有多种说法。按照一般的看法，指的是稷（jì）、黍、麦、菽（shū）、麻。其中稷是一种古老的粮食作物；黍去皮后叫作黄米，比小米稍大，煮熟后有黏性；麦有大麦、小麦、燕麦、黑麦等多种；菽是豆类的统称；麻指大麻子，古代也供食用。

◎五行

水、火、木、金、土五种物质称为五行。中国古代思想家把这五种物质作为构成万物的元素，用来说明世界万物的起源和多样性的统一。战国时代，“五行”说颇为流行，并出现“五行相生相胜”理论。“相生”意味着相互促进，“相胜”即“相克”，意味着互相排斥。“五行”说中的合理因素对中国古代天文、历数、医学等的发展起到了一定的作用。

◎三牲

古代用于祭祀的牛、羊、猪称为三牲。古代祭祀所用的牲畜叫“牺牲”，祭祀开始前，需要先把“牺牲”饲养起来，饲养的地方叫作“牢”。祭祀时三牲齐备叫作“太牢”，只有羊、猪，没有牛，叫作“少牢”。由于祭祀者和祭祀对象的不同，所用的“牺牲”规格也不一样。古代天子祭祀江山社稷用太牢，诸侯祭祀用少牢。

◎十二时辰

古人把一昼夜划分为十二个时段，每一个时段为一个时辰，每个时辰等于两个小时。十二时辰是我国古代劳动人民根据一日间太阳出没的自然规律、天色的变化以及日常的生产活动、生活习惯而归纳总结、独创于世的，分别为子时、丑时、寅时、卯时、辰时、巳时、午时、未时、申时、酉时、戌时、亥时。

◎六书

古人分析汉字的造字方法而归纳出来的六种条例，也称“六义”。即象形、指事、会意、形声、转注、假借。现在人们一般认为转注和假借是用字方法，不是造字方法。象形，指用线条或笔画把要表达的物体的外形特征具体地勾画出来的造字法。比如，“门”字就是左右两扇门的形状，“人”字像一个站立的人。指事，是在难以画出具体形象时，用象征性的符号来表示意义的造字法。指事字可分两类：一类是纯符号的，如“上”古作“二”，“下”古作“二”。一类是在一个汉字的基础上增加指事符号的，如“木上曰末”，在木上加“一”来表示“末”；“木下曰本”，在木下加“一”来表示“本”。“一”只是一个符号，非数字“一”。会意，指利用已有的字，根据事理加以组合，表示出一个新的意义的造字法，如人言为“信”，山高为“嵩”。形声，指由形旁和声旁组成的字，形旁和字的意义有关，声旁和字的读音有关，如“秧”字，“禾”是形旁，表示“秧”同“禾”有关，“央”是声旁，表示“秧”字的读音。汉语中形声字占百分之八十以上。

读后感例文

在传统节日故事的海洋里徜徉

张　阳

最近，我读了《中国传统节日故事》这本书，收获很多。这本书介绍了春节、元宵节、清明节、端午节等传统节日，不仅告诉了我们这些节日的起源和发展，还介绍了许多过节的习俗。读完这本书，我忍不住感慨中国传统文化的博大精深，心底不由得涌起一股想要保护、传承传统文化的强烈愿望。

中国人一年中最隆重的节日是春节。为了庆祝春节，人们会贴春联、放鞭炮、穿新衣、拜大年，十分热闹。春节也是我最盼望的节日，因为会收到许多压岁钱。元宵节是我们的狂欢节，过元宵节离不开一个“闹”字。元宵节最令我快乐的事就是吃元宵。清明节和冬至既是二十四节气之一，也是中国的传统节日。除了这些常见的传统节日，这本书还使我了解了一些以前比较陌生的节日，如寒衣节、祭灶节。寒衣节是一个提醒人们添置御寒衣物的节日。在那天，人们会为先人送去过冬的“衣物”，为家人准备好取暖的炉子。在我看来，寒衣节是一个充满温暖和爱的节日。说到祭灶节，那就更有趣了。据说灶王爷住在每家每户的厨房里，可以看到人们的一举一动。人们害怕灶王爷向玉皇大帝告状，竟想到让灶王爷吃麦芽糖，好粘住他的嘴，不让他说坏话。除了中国传统节日，我还了解了西方的万圣节。

当然，这本书还提出了如何文明过节的问题。比如，在寒衣节那部分，就告诉我们应该避免从神鬼这一狭隘的角度看待祭祀的习俗，应该在社会上提倡文明祭祀、绿色祭祀，让传统习俗与时俱进，适应社会发展的需要。

除了传统节日，这本书还告诉了我很多和生活息息相关的传统文化知识。比如，什么是农历、什么是公历、什么是正月、什么是十二时辰，等等，帮助我解开了很多生活上的疑惑。

这本书使我明白，中国传统节日具有独特的文化底蕴和美好的寓意，为我们的日常生活带来了很多乐趣，是我们的文化财富。身为炎黄子孙，我们应该自觉传承这些宝贵的传统文化，弘扬民族精神。

阅读思考记录表——故事类

评价你阅读的书籍，锻炼表达、归纳、总结、理解能力

书名	作者	阅读日期

最喜欢的节日	列举文中一个和这个节日有关的故事
______ 为什么喜欢这个节日 ______ ______ ______ ______	
	你对这个故事的感受或看法

故事发生的地点	故事的起因	故事的经过	故事的结果

查阅资料，找一找其他和这个节日有关的故事，并写下来

给这本书写一段推荐语 / 对这本书提三个问题

中小学生阅读指导丛书

彩插励志版

058	中外民间故事
059	中外神话故事
060	成语故事
061	四大名著知识点一本全
062	人间词话
063	雷锋的故事
064	吹牛大王历险记
065	小飞侠彼得·潘
066	列那狐的故事
067	野性的呼唤
068	木偶奇遇记
069	小鹿斑比
070	汤姆叔叔的小屋
071	绿山墙的安妮
072	长腿叔叔
073	安妮日记
074	神秘岛
075	海蒂
076	绿野仙踪
077	柳林风声
078	森林报·春
079	森林报·夏
080	森林报·秋
081	森林报·冬
082	小王子
第四辑	
083	蓝鲸的眼睛
084	最后一头战象
085	宝葫芦的秘密
086	你是我的妹
087	孙悟空在我们村里
088	“下次开船”港
089	居里夫人的故事
090	孔子的故事
091	中国历史人物故事
092	中国民俗故事
093	二十四节气故事
094	狐狸打猎人
095	可爱的中国
096	推开窗子看见你
097	大林和小林
098	今天我是升旗手
099	我的母亲叫中国
100	乌丢丢的奇遇
101	总有一天会长大
102	小布头奇遇记
103	小坡的生日
104	小巴掌童话
105	野葡萄
106	怪老头儿
107	第七条猎狗
108	狼獾河
109	妹妹的红雨鞋
第五辑	
110	白洋淀纪事
111	湘行散记
112	猎人笔记
113	镜花缘
114	飞向太空港
115	梦天新集：星星离我们有多远
116	寂静的春天
117	世说新语
118	聊斋志异
119	屈原：郭沫若作品精选集
120	趣味物理学
121	十万个为什么
122	书的故事
123	格兰特船长的儿女